歴史文化ライブラリー

133

天台仏教と平安朝文人

後藤昭雄

吉川弘文館

目次

勧学会

讃

漢詩文と仏教――プロローグ

平安時代における漢詩文

平安時代には、よく知られている物語や和歌などの仮名の文学と並んで、漢詩、漢文といった漢字で書かれた文学が存在した（これは平安時代に限ってのことではなく、古代から近代の森鷗外や夏目漱石の時代に至るまでのことであるから、「平安時代にも」というのが正確であるが）。しかも、その時代の人びとの意識では、漢字で書かれた文学の方が、仮名の文学よりも、文学としてより価値のあるものと考えられた。そのことを明確に物語るものが勅撰集である。

勅撰集

「勅撰集」という言葉から、皆さんは何を連想されるだろうか。それはまず間違いなく『古今集』であろう。常識では、〈わが国で最初に編纂された勅撰集は『古今集』である〉ということになっているからである。

しかし、この常識は、厳密に言えば、誤っている。「勅撰和歌集は」と限定していえば、『古今集』で正しい。それはどういうことか。『古今集』より以前に、和歌集ではない勅撰集が存在したのである。それは漢詩集であった。弘仁五年（八一四）、『凌雲集』が嵯峨天皇の勅命にもとづいて編纂された。その成立は勅撰和歌集より九〇年ほど先立っている。この事実は、平安時代において、最初に文学として価値を認められたのは、仮名の文学である和歌ではなく、漢詩であったことを示している。

梵門

『凌雲集』の成立をきっかけとして、その後、『文華秀麗集』（八一八年）、『経国集』（八二七年）と二つの勅撰詩（文）集が相次いで編纂されたが、あとの二集は、作品を内容によって分類して配列するという方法を取っている。『文華秀麗集』を例にすると、「遊覧」「宴集」など一一の類題が立てられているのであるが、この方法は中国の『文選』に倣ったもので、類題の名称も多くを『文選』から取っている。

そのなかで一つだけ『文選』に類似のものもない類題がある。それは「梵門」である。そうして、これは『経国集』にも受けつがれているが、梵門とは僧侶、寺院など仏教に関わるテーマで詠まれた作品をいう。『経国集』になると、僧侶の作も収録されている。この梵門という類題の立項にはわが国の独自性が示されているということができる。

本書の意図

この勅撰詩集の梵門という類題に象徴的に示されているが、平安時代の漢詩文は仏教とも深い関係を持っている。そこで、本書はこの点に注目して、主に人と人との関係、つまり漢詩文の作者である文人たちと僧侶との交渉という視点から、平安時代の漢詩文の世界を捉えてみようという意図のもとに、執筆したものである。

最澄

最澄略伝

最澄（さいちょう）は広く知られているように、日本天台（てんだい）仏教の創始者であり、真言宗（しんごんしゅう）の開祖空海（くうかい）と並び称される平安仏教の巨人である。

最澄は奈良時代末期の神護景雲（じんごけいうん）元年（七六七）、近江国（おうみのくに）（滋賀県）滋賀郡に、漢人系帰化氏族である三津首百枝（みつのおびとももえ）の子として生まれた。近江の国分寺の行表（ぎょうひょう）の弟子となり、宝亀十一年（七八〇）得度（とくど）して、最澄と名を改めた。延暦四年（七八五）東大寺で受戒（じゅかい）したのち、比叡山に入って修行を重ねるなかで天台教学への関心を深めていった。延暦二十三年（八〇四）、還学僧（げんがくそう）として入唐（にっとう）し、翌年帰国。同二十五年、天台宗に年分度者（ねんぶんどしゃ）二名を与えられることを奏請して、これが許可され、ここに天台宗が開宗された。その後、新しい教団の確立を目指し、弘仁九（八一八）・十年に『山家学生式（さんげがくしょうしき）』を朝廷に提出して南都から独立した僧養成制度をつくることに努めた。弘仁十三年（八二二）六月に没した。

図1　最澄画像（一乗寺蔵）

漢文学史上の嵯峨朝

最澄は嵯峨天皇治世の弘仁十三年（八二二）に死去した。したがって最澄晩年の十数年間ということになるが、その嵯峨朝弘仁期は、平安朝文学史のうえで、最初の漢文学隆盛期を現出させている。そのことを象徴的に示すものが勅撰三集の成立である。この時期に、勅撰集として三つの漢詩（文）集――『凌雲集』『文華秀麗集』『経国集』が相次いで編纂された。

勅撰三集　『凌雲集』一巻。弘仁五年（八一四）成立。二四人、九一首の詩を収める。あとの二集と比較すると小規模であるが、文学作品を対象とした勅撰集として最初の位置を占める。

勅撰詩集としての『凌雲集』の成立は大いに漢詩文の世界を刺激して多数の作品を生み出し、第二の勅撰詩集編纂の気運を醸成させた。そうした雰囲気のもとで、わずか四年ののち、弘仁九年（八一八）に『文華秀麗集』三巻が成立した。二八人、一四三首の詩を収録する。この集は主に『凌雲集』以後の詩が対象となっているので、短期間のうちにも作者層に消長があり、最も嵯峨詩壇的色彩の濃い詩集となっている。

勅撰詩集二集の成立を主導した嵯峨天皇退位を承けて淳和天皇が位に即くが、その天長四年（八二七）『経国集』が編纂された。はるかに慶雲四年（七〇七）にまで溯り、約一二〇年間を対象として「作者百七十七、賦十七首、詩九百十七首、序五十一首、対策三十八首」（『経国集』序）を収め、二〇巻から成る（ただし現存本は六巻を残すのみ）。作者作品数の増大、ジャンルの多様化、採録年代の拡張、作者層の拡大（僧侶、女性の作が入集する）など、勅撰三集の最後を飾るにふさわしい詩文集となっている。

君唱臣和

これら三集所収の詩文に見る弘仁期詩壇は嵯峨天皇を中心とする宮廷詩壇であった。多数の詩篇が入集する作者は滋野貞主、菅原清公、小野岑守、良岑安世らであるが、いずれも嵯峨天皇側近の公卿官人であり、その頂点に位置する存在が嵯峨天皇であった。

こうした当代詩壇のあり方は詩詠作の方法にもはっきりと示されている。応製奉和詩の多くの存在である。天皇と場を同じくして、その命令（制）に応えて詩を作るのが応製（本来「応制」とあるべきだが、実例は「応製」と書かれる）、天皇の詠詩があって、それに和して作るのが奉和であるが、いずれも天皇を中心にしての詠作である。こうした詩作のあり方は『文華秀麗集』によく現れているが、宴集・遊覧などはもとより、述懐・哀傷といった私的な立場で詠まれる詩にも及び、総詩数の半数近くにのぼっている。

僧侶と宮廷詩壇

『文華秀麗集』序に見える「君唱え臣和う」という措辞が嵯峨朝詩壇の基調とその実際の詠作方法とをよく言い表すキーワードであるということができるが、僧侶たちもこうした宮廷詩壇に包含されていた。『元亨釈書』の最澄の弟子光定の伝に、次のような記述がある。

弘仁の帝、文を好みたまう。……、（光）定、外学有れば、常に文苑に陪る。

「外学」とは、内典つまり仏教経典の学に対して、儒教、漢籍の学をいう。同時代を生きた最澄もまたこうした宮廷詩壇のもとにあったのであるが、勅撰三集に収められた詩を通して、最澄と嵯峨天皇およびその周囲にあった公卿官人たちとの交流の様子を見てみよう。

『文華秀麗集』の詩

『文華秀麗集』に四首がある。『文華秀麗集』は、先立つ『凌雲集』では作者ごとに詩がまとめられているのと異なり、詩がその内容によって分類、排列されているが、これから取りあげる詩はいずれも仏教関係の作を集めた「梵門」という類題のもとに収められている。

「澄公の奉献詩に答う」

まず嵯峨天皇の「澄公の奉献詩に答う」と題された詩を取りあげよう。「澄公」は最澄。最澄が詩を詠んで天皇に献り、これに答えたものである。なお、最澄の原詩は伝存しない。これは以下の諸作も同じである。

遠く南岳の教えを伝え

最　澄　*12*

夏(げ)久しく天台に老ゆ
錫(しやく)を杖(つえつ)きて溟海(めいかい)を凌(しの)ぎ
虚(そら)を躡(ふ)みて蓬萊(ほうらい)を歴(へ)たり
5 朝家に英俊無く
法侶に賢才隠る
形体風塵を隔て
威儀律範を開く
肩を袒(ぬ)ぎて江上に臨み
10 足を洗いて巌隈を踏む
梵語を経閣に翻(ひるがえ)し
鐘声を香台に聴く
経行人事少くして
宴坐歳華を催す
15 羽客講席に親しみ
山精茶杯を供う

深房春暖かならざるも
花雨自然に来たる
頼(さいわい)に護持の力有り
定めて知る輪廻(りんね)を絶たんことを

第一句の「南岳」は天台仏教の本拠地である中国の天台山（浙江省）をいう。最澄はその天台の教えを日本に将来(しょうらい)した。第二句の「夏」は夏安居(げあんご)。夏期の集団での修行。僧侶としての年数はその回数で数えられた。「天台」は日本の天台山、すなわち比叡山である。第二聯(れん)は最澄が天台の教えを学ぶために、海を渡って入唐(にっとう)したことをいう。第六句の「法侶」はもちろん最澄を念頭に置いている。第四聯から第七聯までは、山中での修行研学、常住の様子を詠む。第八聯は仙人や山の神までもがうかがい寄るというのである。結びは、幸いにもあなたは仏法を守護する力を持っておいでだから、世の迷いの輪を絶ち切って下さるに違いないと思う、という。

「澄公の『病に臥して懐いを述ぶ』の作に和す」

もう一首、嵯峨天皇の詩がある。「澄公の『病に臥して懐いを述ぶ』の作に和す」である。最澄が「臥レ病述レ懐」という詩を詠み、これを目にした天皇が和した作であるが、『文華秀麗集』には、天皇の作に続いて同じ題の二首が収められている。作者は仲雄王（なかおおう）と巨勢識人（こせのしきひと）。仲雄王は『文華秀麗集』の撰者の一人で、かつ序文の作者であり、また巨勢識人とともに『文華秀麗集』にいたって目覚しい伸長をみせる詩人で、嵯峨朝詩壇の新しい担い手と目される人物であるが、その二人も嵯峨天皇とともに最澄の詩に和している。

なお、この三首の制作年時についての仏教史研究側の誤解を正しておこう。たとえば現行の最澄伝の一つの標準と考えられる田村晃祐著、人物叢書『最澄』（吉川弘文館、一九八八年）では、これらを、したがって最澄の詩を弘仁十三年（八二二）のその死去に結びつけて捉え、死期の近いことを自覚した最澄が述懐詩を作り、嵯峨天皇らがこれに和したと述べているが、そうではない。これらの和詩は『文華秀麗集』に入集しているが、その成立は弘仁九年（八一八）であり、入集詩は当然のこととしてそれ以前の詠作でなければならない。最澄の死に結びつけて考えることはできないのである。このことは早く小島憲之『国風暗黒時代の文学』中(下)Ⅰ（塙書房、一九八五年）に、非際撰『伝教大師伝』、辻善之助『日本仏教史』の記述の誤りを訂すかたちで指摘されている。

「浄上人」は最澄ではない

あわせてもう一つ、従来の理解の誤りを正しておこう。

『経国集』巻十に、嵯峨上皇の「浄上人が疾（やまい）を問う」と題した詩、また、これに和した源弘（ひろむ）と源常（ときわ）の「太上天皇の『浄上人が病を問う』に和し奉る」があるが、「浄」は「澄」と同義であることから、この「浄上人」はすなわち最澄として、これら三首も「浄上人」の病気を見舞う内容であるので、先の『文華秀麗集』の「病に臥して懐いを述ぶ」に対する和詩と同じころの作と考えられていた（小島憲之『国風暗黒時代の文学』中(下)II、塙書房、一九八六年）。私も同様に理解していたが（「叡山と平安朝文人との交渉」『叡山の文化』、世界思想社、一九八九年）、ともに間違っていた。和詩を詠んでいる源弘と源常はともに嵯峨天皇の皇子、すなわち嵯峨源氏である。彼らは父の血を承け、また幼少のころからの父天皇の英才教育によって、こうした属文（しょくぶん）の才能を発揮しているのであるが、そのことを示そうという意図であろうか、『経国集』には「源弘年十六」、「源常年十六」と年齢が注記されている。その年齢が問題なのであるが、弘と常は異母兄弟でともに弘仁三年（八一二）の生まれである。したがって二人が十六歳であるのは天長三年（八二六）となる。『経国集』の成立は天長四年であるから、この年齢注記は集編纂時ではなく、作詩時の年齢を記したものと考えなければならない。つまり、これら三首の詩は天長三年の詠作ということになるが、最澄はすでに弘仁十三年（八二二）に没している。このことから、これらの詩に見える「浄上人」は最澄とは別人である（北山円正氏教示）。なお、『経国集』には、先の三首に続いて嵯峨上皇の「浄公が山房に寄す」があり、この「浄公」も最澄と考えられているが（小島憲之、前掲書）、やはり別人であろう。

最澄と君臣唱和

『文華秀麗集』所収の最澄に関わる詩篇四首はいずれも最澄の詩に嵯峨天皇および側近の官人が応和するものであるが、ここには当代詩壇の君臣唱和の世界に包摂されていた最澄の姿がある。

『経国集』の詩

次いで『経国集』を見てみよう。『経国集』も『文華秀麗集』の方法を踏襲して類題によって作品を配列するが、その巻十「梵門」に、最澄に関わる三首の詩がある。

「澄上人の『長宮寺の二月十五日の寂滅会に題す』に和す」

まず滋野貞主の「澄上人の『長宮寺の二月十五日の寂滅会に題す』に和す」は、最澄の詩に和した作で、先に述べた『文華秀麗集』の諸篇と同様の性格の詩である。長宮寺は未詳。寂滅会は釈尊の入滅した二月十五日に行われる追悼の法会。普通には涅槃会と称される。

次に藤原常嗣（つねつぐ）の「秋日叡山（えいざん）に登りて澄上人に謁す」がある。これまでの諸篇とは異なり、最澄に直接面謁したことを詠じた詩である。読んでみよう。

「秋日叡山に登りて澄上人に謁す」

城東一岑（いっしん）聳（そび）え
独り叡山の名を負う
貝葉（ばいよう）上方の界
焚香鷲嶺（ふんこうじゅれい）の城
甑飡（そうそん）に藜藿（れいかく）熟（に）ゆ
臼飵（きゅうさく）に練沙（れんさ）成る
軽梵（けいぼん）窓中曙（あ）け
疎鐘（そしょう）枕上に清し
桐蕉（とうしょう）秋露の色
雞犬（けいけん）冷雲の声
高陽丹丘（こうようたんきゅう）の地
方（まさ）に知りぬ南嶽の晴るることを

第三句の「貝葉」は経文を書写する貝多羅葉をいうが、ここでは経典。「上方」は山寺をいう。第五句の「藜藿」はあかざの葉と豆の葉で寺の粗食をいう。第六句の「練沙」は練り上げた仙薬。第七句の「軽梵」は軽やかな読経の声。結びの一聯、「高陽」は中国の伝説上の天子で、「丹丘」は仙人の住む所。つまり一句は比叡山を仙郷になぞらえる。「南嶽」は最初の嵯峨天皇の詩にいう「南岳」であるが、ここでは比叡山をいう。

この詩は「澄上人に謁す」と題するものであるが、比叡山の様子を描写することに終始し、残念ながら、この詩から、作者の目に映じた最澄の姿、あるいはその人となりをうかがい知ることはできない。

作者藤原常嗣と最澄の関係

この詩は近世の儒学者林鵞峰が編纂した『本朝一人一首』（万治三年、一六六〇）に採録されている。この書は各詩の後に「林子曰ク」として鵞峰の評語が付されているが、この詩については、次のように記述している。

常嗣は桓武朝の遣唐大使葛野麻呂が子なり。経史を渉猟し、『文選』を諳誦し、仁明の朝、遣唐大使に任ず。聘礼事畢りて帰朝す。父子専対の選、盛事と謂いつべし。想うに夫れ、平生の著述、在唐の作多かるべし。然れども世に伝わらず。『経国』の残編僅かに此の一首を見る。最澄曾て葛野に従いて入唐す。則ち其れ常嗣と方外の旧交有ること、固に宜しく然るべしと。

ここに述べられているように、作者常嗣は桓武朝の末年、延暦二十三年（八〇四）に派遣された遣唐使において大使の任を果たした葛野麻呂の子である。常嗣自身も父と同じく遣唐大使として入唐することになるが、それはのち承和五年（八三八）のことである。最澄も延暦の遣唐使に還学僧として加わって入唐している。つまり、最澄にとって、常嗣は付き従って文明の地中国へ渡った遣唐大使の子息である。両者にはそのような因縁があった。対面の折、二人の間でどのような会話が交されたのであろうか。

『経国集』所収のもう一首はのちにふれることとする。

『叡山大師伝』

外護の檀越 金蘭の知故

最澄の伝記資料のなかに詩人との交渉を探ってみよう。その伝記資料とは『叡山大師伝』である。本書は最澄の門弟子、釈一乗忠(しゃくいちじょうちゅう)が撰述したもので、最澄伝として最も古く、資料的にも信頼できるものであるが(『群書解題』)、この『叡山大師伝』に、最澄が「外護檀越(げごだんおつ)」、俗界における後援者、あるいは「金蘭知故(きんらんちこ)」、深い友情に支えられた知己として交わった公卿官人二十数人の名が列挙されている。いずれも唐名で記されているので、( )のなかに本来の官位氏名を示した(人名の比定には佐伯有清『伝教大師伝の研究』吉川弘文館、一九九二年、を参照した)。

特進藤右僕射冬(正二位右大臣藤原冬嗣(ふゆつぐ))

金紫光禄大夫良納言安（正三位中納言良岑安世）
銀青光禄大夫藤納言三（従三位中納言藤原三守）
太中大夫伴参議国（従四位上参議大伴国道）
朝野左丞鹿（左中弁朝野鹿取）
菅右京大夫浄（右京大夫菅原清公）
小野大宰大弐岑（大宰大弐小野岑守）
朝議大夫藤右丞愛（正五位下右中弁藤原愛発）
都文章博士腹（文章博士都腹赤）
朝請大夫和気左将真（従五位上左近衛少将和気真綱）
安野祭酒文（大学頭安野文継）
藤作州刺史是（美作守藤原是雄）
朝散大夫浄丹州刺史夏（従五位下丹後守浄野夏嗣）
藤主殿頭成（主殿頭藤原三成）
滋東宮学士貞（東宮学士滋野貞主）
和気左丞仲（左少弁和気仲世）

伴尾州刺史氏（尾張守大伴氏上(うじかみ)）
藤遠州刺史衛（遠江守藤原衛(まもる)）
藤春宮亮常（東宮亮藤原常嗣(つねつぐ)）
藤駿州刺史春（駿河守藤原春継(はるつぐ)）
治総州別駕建（上(下)総介多治比建麿(たじひのたけまろ)）
朝議郎藤主殿助永雄（正六位上主殿助藤原永雄(ながお)）
藤図書助常永（図書助藤原常永(つねなが)）
藤大学助助（大学助藤原助(たすく)）
六音博士門継（音博士六人部門継(むとべのかどつぐ)）
奉議郎都外記広田（従六位上少外記都広田麻呂(みやこのひろたまろ)）
安道右大史嗣雄（右大史安道嗣雄(やすみちのつぐお)）

勅撰集詩人

以上の二七人であるが、注目されるのは、ここに多くの勅撰集詩人が含まれていることである。先に『経国集』入集詩に最澄との交渉がうかがわれるとして取りあげた滋野貞主、藤原常嗣の名も見えるが、ほかに藤原冬嗣・良岑安世・朝野鹿取・菅原清公・小野岑守・都腹赤・和気真綱・安野文継・藤原是雄・浄野夏嗣・藤原三成・和気仲世・大伴氏上・藤原衛・都広田麻呂がそうである。すなわち最澄の「外護の檀越」「金蘭の知故」とされている人々の半数を越える一七人が勅撰集の作者である。

　このなかには菅原清公、小野岑守、滋野貞主、安野文継のような勅撰詩集の有力詩人が含まれている。清公と文継は三集すべての編纂に参加しており、貞主はあとの二集の撰者で、かつ『経国集』においては序文の作者でもあり、編纂の中心であったと考えられる。岑守は『凌雲集』において同じように撰者兼序者という立場にあった。また文継を除く三人は時代の指導者嵯峨天皇に次いで多数の詩が勅撰三集に採録されている。

　ただし、これら勅撰集詩人たちと最澄との交渉の具体的様相は、本章で述べていることを除いては明らかでない。しかしまた、この一七人の勅撰詩集の作者は、のち最澄が没したときに公卿文人十数人が哀傷の詩を詠じたということ（後述）とも符合する数字であり、最澄を取り巻く文学的環境としてやはり注目されるものである。

没後の交渉

「澄上人を哭す」

先に『文華秀麗集（ぶんかしゅうれいしゅう）』と『経国集（けいこくしゅう）』と二つの勅撰集の詩を通して、当代詩壇を主導していた嵯峨天皇と最澄との間で、詩文を介しての交渉があったことをみたが、それは最澄の没後にも及んでいる。

最澄は弘仁十三年（八二二）六月四日、入寂する。十月にいたって、嵯峨天皇は悼詩（とうし）「澄上人を哭す」を贈った。

　ああ双樹の下
　摂化如々（にょにょ）を契る
　恵遠（えおん）の名なお駐（とど）まり

支公の業已に虚し
草は深し新廟塔
松は掩う旧禅居
灯焔空座に残る
香煙像炉に続ぐ
蒼生橋梁少し
緇侶律儀疎かなり
法体何ぞ久しく住まらん
塵心傷むこと余り有り

第一聯は沙羅双樹の下、釈迦は衆生を教化して悟りへ導こうとしたの意。第二聯の「恵遠」と「支公（支遁）」は中国の高僧、最澄になぞらえる。第三・四聯は主人を失った山房の描写。第五聯、前句の「橋梁」は衆生（「蒼生」）を悟りへ導くもの。後句の「律儀」は僧侶が守るべき戒律や決まり。最澄の死後はそれがおろそかとなった。

京都の青蓮院に嵯峨天皇宸筆と伝える詩巻を所蔵するが、その奥書によれば、これを届ける使いとなったのは、『叡山大師伝』に「金蘭知故」として名前があげられている藤原常永であった。

この嵯峨天皇の哀傷詩に和して側近の人びとも詩を詠んだ。そのことが『叡山大師伝』に記されている。

翰林の逸材、紫朱の上官十有余哲、御製に奉和して各(おのおの)六韻を探る。以(も)って巻軸を為す。

「紫朱」は高官の衣服の色。この哀傷の奉和詩を作った公卿文人十数人というのは、先にあげた最澄の「外護檀越(げごだんおつ)」「金蘭知故」に含まれる勅撰詩集作者一七人と近い数であり、ほぼこれに近い人びとだったのではないかと考えられる。

最澄の没後にあっても、当代の文人たちは次のようなかたちで交渉を持っていた。

「延暦寺に登り澄和尚の像を拝す」

光定が編纂した『伝述一心戒文(でんじゅついっしんかいもん)』は最澄に関する基本資料の一つであるが、これに引かれた「戒壇の講堂を造る料九万束を近江国に下す文」に次の記述がある。

良峯(よしみね)中納言賢尊、存生の日、恒常(つね)に談語(かた)るらく、「吾が心は叡嶺に存す。生を仏家に託さんと欲(おも)う」てえり。中納言賢人、叡嶺に挙登(のぼ)りて、大師の影を礼す。弟子（光定）覚えず両目の涙老顔に下り、賢尊もまた両目の涙下る。

ここにいう「良峯中納言賢尊」、良岑安世が比叡山に登って最澄の像を礼拝したときの詩が『経国集』（巻十）に採録されている。

延暦寺に登り澄和尚の像を拝す

溟海杯路を占い
天台法輪を転ず
芳蹤（ほうしょう）国に踞冠（きょかん）たり
応化身を留めず
道は乾坤（けんこん）と遠し
徳は日月と均（ひと）し
鑪煙なお昔に似たり
形像正に真かと疑わる
定室苔砌（こけみぎり）を封（こ）む
禅房雲是れ隣（とな）る
登攀す春黛の裡（うち）

拝頂す暮鍾の辰(とき)

第一聯は海を渡って天台の教えを日本に伝えたことをいう。第二聯、その優れた足跡はわが国で冠たる位置を占めるが、姿はすでにないの意。第三聯はその徳を称える。第四聯に像を目にしたことを詠む。

良岑安世は『叡山大師伝』にいう「外護檀越」の一人である。彼は嵯峨天皇の異母兄で、藤原冬嗣と並ぶ君側の公卿であり、最澄にとっても有力な後援者であったと考えられるが、その安世が、最澄の没後、山に登りその像を拝している。両者の深い結びつきを思わせるものである。

延暦寺鐘銘

『伝述一心戒文』(巻上)に「冷然(れいぜい)太上天皇御書鐘銘文」が収載されている。冷然太上天皇という呼称は珍しいが、退位後の後院の一つ冷然院(のちに冷泉院と改称される)にもとづいて嵯峨上皇をいう。「鐘銘文」によると、天長四年(八二七)延暦寺の鐘の銘が撰述されたが、その文字は嵯峨上皇が筆を揮った。周知のように、嵯峨はいわゆる三筆の一人として、平安時代を代表する名筆家である。ここで注目したいのは銘の作者であるが、「延暦寺鐘銘」を撰したのは浄野夏嗣(きよののなつつぐ)であった。前述の最澄の檀越知己の一人であり、そこで述べたように、夏嗣は勅撰詩集の詩人でもあった。

夏嗣が制作した銘は次のようなものであった（『天台霞標』二編巻二所収の本文によって一部を改めた）。

法王出現し、衆生に開き示す。
天台の教迹、仏と情を同じくす。
明々たる智者、鷲嶺に昔聴く。
定慧を双び伝え、載ち妙経を弘む。
5 赫々たる桓武、茲の澄公に命じ、
杯に乗り法を求め、彼の童蒙を発かしむ。
両人年分、三昧興隆す。
弘仁の御暦、遺風を闡揚す。
文殊上座、唐例に因り循う。
10 住山一紀、円戒制を異にす。
鯨鐘を鏤りて、後裔に流えんと欲う。
義真法子、余軌是れ継ぐ。
丁未に歳在り、仲呂の月。

事畢（おわ）り功満ちて、清音発越す。
四生福利し、六道苦歇（や）む。
此の山頽（くず）るること有るも、此の銘闕（か）くること無からん。

冒頭の「法王」は釈迦をいう。第三句の「智者」は智者大師智顗（ちぎ）、中国の天台宗の開祖である。第五・六句は最澄が桓武朝に渡海入唐したことをいう。以下第一〇句までは最澄の業績である。第七句の「両人年分」は天台宗に二人の年分度者が許可されたことで、天台宗の公認を意味する。第九句の「文殊上座」は最澄が朝廷に提出したいわゆる「四条式」に、仏寺における上座に安置する像を文殊菩薩と規定したことをいう。第一〇句、「一紀」は一二年。最澄は比叡山に戒壇を設け、戒を授けて、以後一二年間修行させる新しい制度を作りあげようと努力した。第一二句の「義真」は最澄の後継者で、初代の天台座主とされる僧である。第一三句、「丁未在歳」はこの鐘が天長四年の製作であることを明記する。

　このように、この銘は鐘の銘ではあるが、その内容は天台の法統を承（う）けた最澄の事跡を的確に要約したものとなっている。

円珍

円珍略伝

円珍は弘仁五年（八一四）、讃岐国（香川県）に生まれた。俗姓は因支氏（のち和気と改姓）。十五歳のとき、比叡山に登って義真に師事し、天長十年（八三三）戒を受けて僧となる。仁寿三年（八五三）入唐し、五年間の滞在中、天台山国清寺、長安の青竜寺、福州の開元寺などで天台学、律、悉曇などを学んだ。帰国の後、天台密教の興隆に努め、多くの著述を残した。貞観十年（八六八）天台座主となり、寛平三年（八九一）七十八歳で没した。現在、園城寺（大津市）に、自筆を含む多量の円珍関係文書が伝えられている。

円珍伝の記述

円珍には、当代の第一級の文人によって執筆された、極めて信頼度の高い伝記がある。三善清行の筆になる『円珍和尚伝』（以下『円珍伝』）であるが、その『円珍伝』に次のようなことが記されている。

> 僧年十有余、寺中の衆僧、大小帰伏し、業を受くる者居多し。当時の名儒有識、好を通じ契りを結ぶ者、稍く京洛を傾く。

「僧年」とは出家してからの年数をいう。円珍が年分試に合格して出家したのは天長十年（八三三）のことであるから、それより十数年後というと、仁明朝の承和の末年ごろということになるが、そのころ、円珍は多くの学者たちと交誼を結んでいたという。

以下、資料を通して具体的にその様相を見ていこう。

圓珍和尚傳
翰林學士善清行撰
天台宗延曆寺第五座主入唐傳法阿闍梨少
僧都法眼和尚位圓珍俗姓和氣公讃岐國那珂郡
金倉郷人也父宅成殖資産兼有行能爲
郷里所歸母佐伯氏故僧正空海阿闍梨之
姪也嘗夢朝日初出光耀赫奕須臾飛來如
流星入其口中無幾妊娠遂誕和尚〻〻岐嶷機警

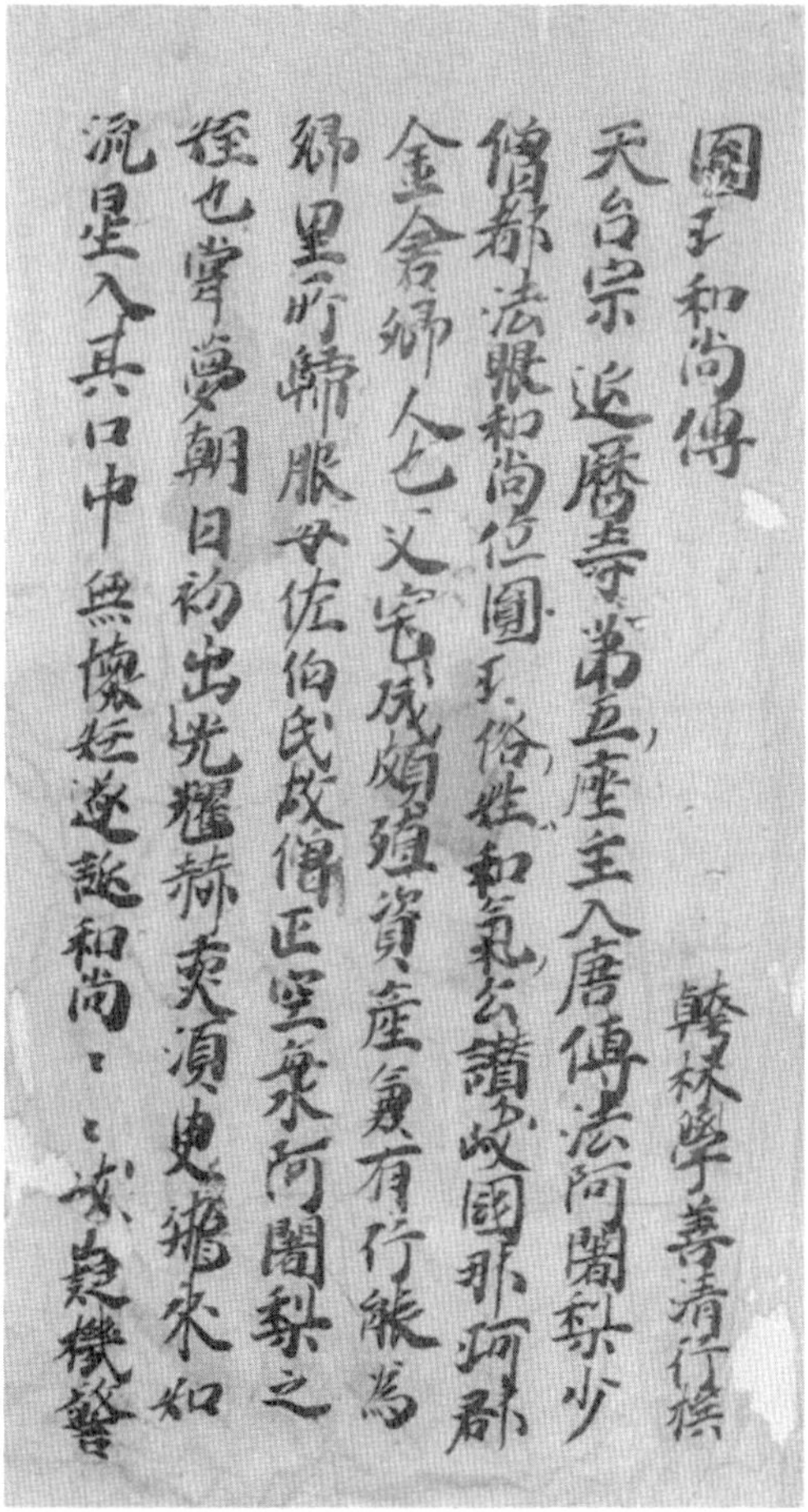

図2 『円珍和尚伝』(金剛寺蔵)
寛喜2年(1230)写．第1丁．1932年の黒板勝美氏による発見の際にも欠落していたが，最近の調査で，反故のなかから見いだされた．

図３　円珍画像（金倉寺蔵）

惟良貞道

先の『円珍伝』の引用はそのあとに次のように続くものであった。

尤も図書頭惟良貞道宿禰と忘言の契り有り。対語に至る毎に、終日竟夜、清言倦むことなし。相倶に内外の疑義を論難し、経籍の謬誤を質正す。誓いて云わく、「緇素異なりと雖も、契りて兄弟と為り、生々世々の中、交執の志を欠くことなからん」と。

『円珍伝』の記述

円珍は多くの学者と交誼を結んでいたが、最も深い交わりを持ったのは惟良貞道であった。「忘言の契り」とは言葉を交わさなくても意志を通じ合えるほどの交わり。有名な竹林の七賢の交遊をいうものとして、その一人山濤の伝（『晋書』）に見える語句である。二人が会えば、時間の経つのも忘れて語り合った。「内外」は経典と漢籍。二人してその疑義を論じ合い、誤りを正した。

ここに円珍との交遊が特記されている惟良貞道は文章博士も経歴しているが、今は詩文の伝存も、またその制作を物語る資料もない。

なお、貞道は、「道」を通字とすることから、惟良春道と兄弟ではないかと推測される。春道は最澄の章で述べた勅撰三集の一つ『経国集』と、勅撰三集以後の漢詩を採録した『扶桑集』との二つの詩集に一二首が入集し、両集の間に存した漢文学史上の大きな転換を、その作品に具現させている注目すべき詩人である。

伝には、円珍が惟良貞道と経典のみならず漢籍に関しても、その内容について疑問を論じ合い、誤りを訂したと記されているが、こうした漢籍についての円珍の関心と能力は、幼少のころにすでに獲得したものであったことを、やはり『円珍伝』が記述している。

年十歳にして、毛詩、論語、漢書、文選、一たび閲習する所、即ち以って誦挙す。

これらの漢籍を一度学習するとたちまち暗誦したという。偉人伝によく見られる誇張表現といえなくもないが、先の引用にいう円珍の学者との交友、漢籍に対する関心と能力、そのことと照応するものと読んでよいだろう。

円珍と惟良貞道との交渉を物語るもう一つの資料がある。それは一冊の書物の奥書である。

『千手儀軌』の奥書

『金剛頂瑜伽千手千眼観自在菩薩修行儀軌経』という長い名称の経典がある（以下『千手儀軌』と略称）。写本がいくつか伝存しているが、京都の東寺の宝菩提院旧蔵本と、大阪、河内長野市の金剛寺所蔵本には、次のような奥書が書かれている（四一ページ、図4参照）。

蔵本の批に云わく、見説ならく、此の唐梵対書の大悲瑜伽本末両巻は並びに是れ高雄の空海和上、大同の初めを以って、唐より大宰に帰り、自ら之を書し、少弐田中朝臣に付伝す。弐家の郎君、図書頭惟良貞道宿禰に就いて学問す。仍って言の次に将に宿禰に奉らんとす。宿禰、詮暉法子をして権に山坊に収めしむ。円珍面りに宿禰の誨えを承く。要覧は意に任すと云々。今暉子没して、人の之を収むるなし。故に以って喚びて珍が所に納る。

元慶五年五月十七日　　沙門円珍記す

この経典の来歴が記されているが、それには空海や円珍、そうして惟良貞道も関わっているらしく、興味深い内容を持っている。丁寧に読んでみよう。

「唐梵対書大悲瑜伽」二巻、これが『千手儀軌』であるが、これは

空海が唐より将来

空海が唐より将来したものであった。空海は桓武朝末年の延暦二十三年（八〇四）の遣唐使に、つまり前章の最澄と同時に、入唐留学僧として随行し、平城朝となった大同元年（八〇六）に帰国した。そのときに、この『千手儀軌』も他の多くの経典とともに日本へ持ち帰ったのである。そのときの請来目録『御請来目録』には「金剛頂瑜伽千手千眼観自在念誦法」の名で記載されている。

空海から大宰少弐田中朝臣へ

唐より持ち帰った『千手儀軌』にもとづいて空海は新たに一本を書写し、これを大宰少弐の田中朝臣に贈った。帰国した空海はすぐには都に入ることを許されず、大宰府に滞在することを余儀なくされたが、その間のことである。なお、空海はこの田中朝臣のために、その亡母の追善願文、「田少弐の為に先妣の忌斎を設くる願文」（『性霊集』巻七）も執筆している。

惟良貞道を経て詮暉の許へ

この大宰少弐田中氏の子息は惟良貞道に就いて学問を学んでいた。ここに惟良貞道が登場する。田中氏は子供が貞道に師事していた縁で、空海から贈られた『千手儀軌』を貞道に献呈しようとしたので、貞道はこれを詮暉に「山坊」に収蔵させた。詮暉は円珍の弟子である。貞観十六年（八七四）に円珍

から金剛界法を授けられている。

円珍と惟良貞道

次いで「円珍面りに宿禰の誨えを承く」とある。円珍と貞道との関係をいうものである。円珍つまり私は貞道から直接教えを受けている

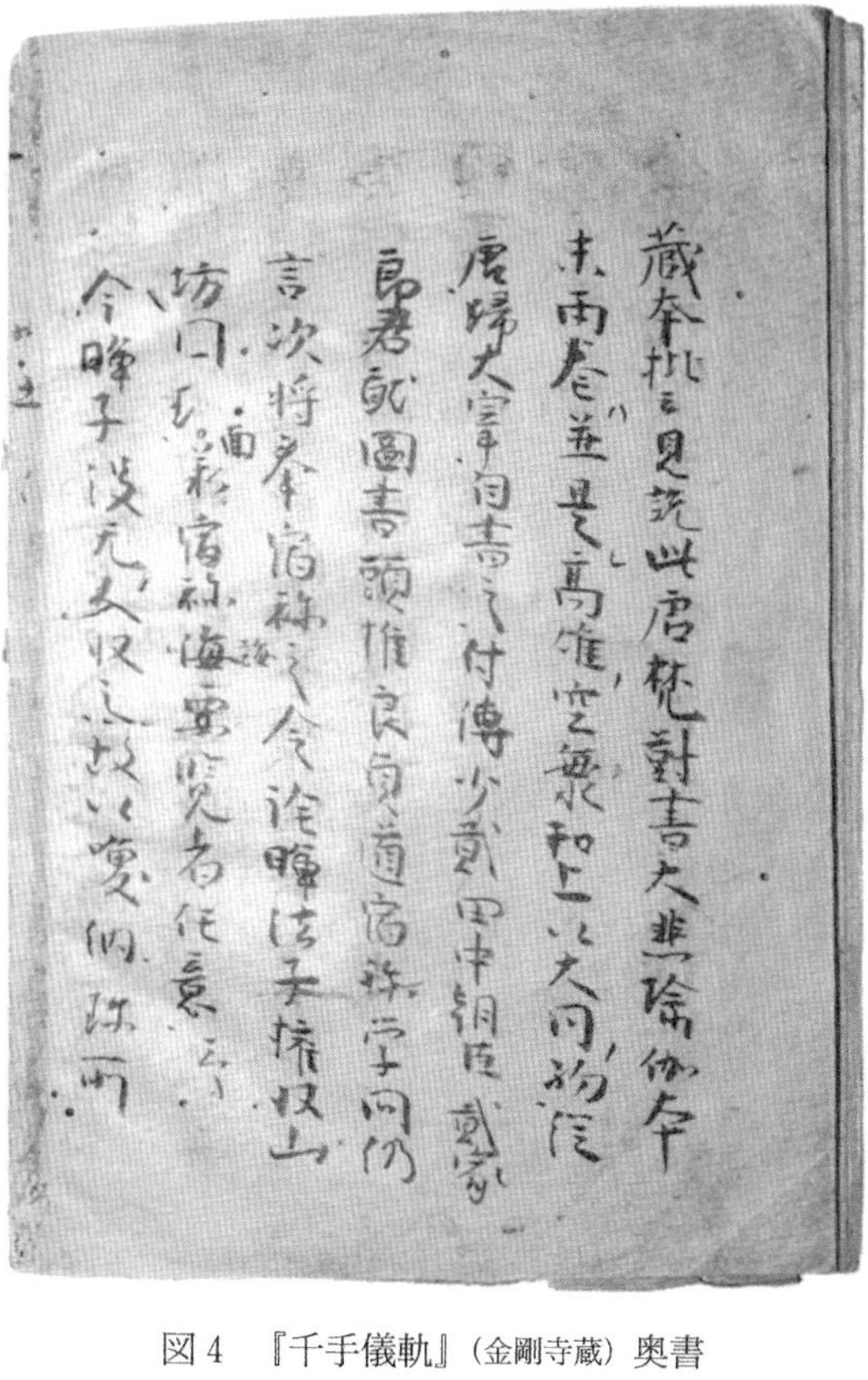

図4 『千手儀軌』(金剛寺蔵)奥書
末尾の数行が失われている．

というが、これは先に見た『円珍伝』の記述と考え合わせるべきものであろう。伝にいう「相倶に内外の疑義を論難し、経籍の謬誤を質正す」を円珍の立場からいえば、「面りに宿禰の誨えを承く」ということになるのではないか。

そうした円珍と貞道との親密な関係から、『千手儀軌』を見ることは円珍の自由に任されていた。

円珍の収蔵に帰す

その後、詮暉が亡くなって、『千手儀軌』を伝領する適当な人がいないので、円珍の手許に置くことになった。

以上のことを円珍は元慶五年（八八一）五月十七日の日付のもとに書き付けている。『千手儀軌』を円珍が所有することになったのはこの日付からそれほど隔たらないときのことであろう。

この『千手儀軌』は以上のような由来を持つことで、円珍にとっても注目すべきものであったようである。その蔵書目録『山王院蔵書目録』に「千手千眼瑜伽二巻」と記録し、「此の唐梵両字、並びに空海和尚の書なり」という注記を付している。

空海によって唐より将来された『千手儀軌』は幾人もの手を経たのちに円珍の有に帰したが、その過程に惟良貞道が介在していた。

春澄善縄

承和の最勝会

やはり『円珍伝』であるが、仁明天皇治世の承和十四年（八四七）正月、宮中で行われた最勝会のことが記述されている。

此の歳正月、大極殿吉祥斎会の聴衆と為る。弁論泉のごとく涌き、微を究め妙に入る。道俗の之を聞く者、歎服せざるはなし。更に御前に於いて、法相宗の智徳と大義を論決す。問難激揚し、弁捷電の如し。故に其の答対を為す者、詞窮まり理尽き、自ら木舌の如し。名誉俄かに播まり、朝野に喧聒たり。

「大極殿吉祥斎会」は正月八日から十四日まで行われる最勝会。『金光明最勝王経』を講説し、国家安穏を祈る法会である。最終日には論義が行われる。承和十四年（八四七）の最勝会のことは『続日本後紀』にも「最勝会竟わる。更に名僧十余人を禁中に引き論義せしむ」と記録されているが、円珍もその一人として招かれたのである。

明詮

円珍が対論した相手の「法相宗の智徳」とは元興寺の明詮である（『日本高僧伝要文抄』所引『智証大師伝』）。明詮にはその伝『音石山大僧都伝』があり、『日本高僧伝要文抄』に収載されているが、その伝に、これより三年後のことになるが、嘉祥三年（八五〇）のこととして、次のようなエピソードが記されている。

> 三年正月、大極殿の講師に請わる。二月、皇帝、清涼殿に四高座を設け、四巻の金光明経を説かしむ。四宗の法師を以って講師と為す。和上（明詮）を以って法相宗師と為し、実敏大僧都を以って三論宗師と為し、正義大法師を以って花厳宗師と為し、円修大法師を以って天台宗師と為す。皆一時の通人なり。此の諸賢、共に義理を論説す。和上、才鋒超逸し、言辞自若たり。なお殽函剣閣、攻むべき勢なきが如し。諸賢時に応じて屈服す。某官滋野貞主、某官小野篁、時に殿上に陪す。相共に歎じて曰わく、「先に其の名を聞きて、名の実に過ぎたるを恐れしも、今其の実を見るに、実の名に過ぐるを恐る」と。皇帝甚だ尊びて、顧みて皇太子に謂いて曰わく、「朕未だ斯くの人を知らず。一代の聖教、悉くに此に在り」と。

先の『円珍伝』とよく似た場面である。天皇出座のもとに『金光明最勝王経』をテキストとして論説が行われた。ただし、ここでは法相、三論、華厳、天台の四宗の間で論争がなされ、明詮は法相宗のいわば代表選手として他宗の論者たちを圧倒、屈服させた。「殽函」はかの函谷関。「剣閣」とともに堅固な要害の代名詞である。その席に参加していた滋野貞主、小野篁は「評判を聞くだけの時は、評判が一人歩きしているのではないかと思ったが、実際を目にした今は、評判は実際を伝えていないのではないかと思われるほどだ」と話し合ったという。

明詮はこのように教義に通じ弁論に優れた者であったが、承和十四年の最勝会においては立場が逆転していた。円珍はこの南都を代表する碩学(せきがく)と相対し、激しい議論の末にこれを論破した。明詮は言葉を失い、押し黙ってしまったという。かくて円珍の名声は天下に喧伝(けんでん)されることとなった。

春澄善縄の書状

この最勝会の議論の場に陪席した一人の学者が感激に耐えられず、その思いを書き記した書状を円珍に送った。それが『唐房行履録(とうぼうあんりろく)』(巻下)に収められている。書状の筆者は春澄善縄(はるずみのよしただ)である。次のようにいう。

久しく清風を仰ぐも、未だ面拝に由あらず。素懐相睽(そむ)き、日夕惆悵(ちゅうちょう)たり。縁の浅きなり、機の生なるなり。舎衛の三億とは僕に非ずして誰ぞや。

このときまで、善縄には円珍の面識を得る機会はなかった。お会いしたいというかねてからの思いがかなえられず、日夜憂いの思いを懐いていた。「舎衛の三億」とは縁なき衆生のこと。舎衛城には九億の家があったが、仏が衆生救済のため、この世に生まれ出たとき、そのうちの三億はそれを目で見、三億は耳で聞いて知ったが、三億は見ることも聞くこともなく、全く知らなかったという（『大智度論』巻九）。長年円珍のうわさは耳にしながら会う機会を持ちえなかった私はちょうどあの「舎衛の三億」のようなものである。

但し闍梨、昨日傾に於いて、他宗の碩学と対して、経論の大義を論ず。捷弁流るるが如く、他を屈弱せしむ。是の故に一人（天皇）諸臣感激せざるはなし。而も彼の明詮法師は法相の猛虎にして、峨巘に独歩する者なり。如今巻舌に当たりて、幾何か面を掩う。台山の光栄、祇兹の時に在りと謂うべし。

善縄の目に映った円珍の縦横の活躍の様子である。対論した明詮の「猛虎」ぶりは先の『音石山大僧都伝』に記述されていた。しかしその明詮も、円珍の滔々たる弁舌の前には答えられず顔を覆う場面が何度かあった。「台山」は天台山、つまり天台宗。

善縄、身は槐林に在るも、心は華頂に馳す。妙法の涼味、訪ぬるも未だ得ず。冀わくは闍梨、純円の義海に引入し、方便の疑網を断たしめたまえ。「華頂」は天台山すなわち天台宗。「槐林」は大学。このとき、善縄は文章博士であった。円珍に結縁して天台の教えに導いてほしいと希求している。心を仏法に寄せていることを述べ、

春澄善縄

このような書状を円珍に送った春澄善縄（七九七～八七〇）は承和から貞観にかけて活躍した文人である。本姓は猪名部造。伊勢国員弁郡の出身で、祖父、父ともに卑位の地方官に過ぎなかったが、善縄は大学に学んで文章得業生となり対策に及第した。仁明朝には皇太子恒貞親王の東宮学士に任じられるが、承和九年（八四二）、いわゆる承和の変が起こり、恒貞親王が廃太子となったのに伴って左遷される。しかし翌年には許されて都に戻り、のち参議従三位にいたる。このように善縄は地方の下級氏族の出身でありながら、学問の力によって高位にまでいたった人物である。彼は小野篁、菅原是善、大江音人などと並ぶ学者文人であるが、伝存する詩文は少なく、『経国集』に猪名部善縄の名で作った詩一首と『本朝文粋』に策問二首が残るのみである。その一番大きな業績は『続日本後紀』の編纂に中心的役割を果たしたことであろう。

この春澄善縄から円珍への書状の送達をきっかけとして二人の交渉が始まったと考えら

れるが、それは善縄の死にいたるまで続いていたと思われる。ただ残念ながら、その途中のことを具体的に跡づける資料は欠けていて、死後のことに飛ぶ。

澄拾遺の書状

都良香（八三四〜八七九）の詩文集である『都氏文集』巻四に「澄拾遺の為の円珍法師等を屈する状」と題される書状がある。都良香が「澄拾遺」のために代作したものであるが、次のような内容である。

> 弟子某謹みて白す。禍は不図に出で、恃む所棄背す。迅節流るる如く、七々の期及ばんとす。来月七日、東塔の院に於いて、将に法華を発き、恩の厚きに答えんとするなり。伏して惟るに、大闍梨は戒珠円浄にして、定水淵澄なり。不二の門に倚りて、一乗の陌に馳す。況んや乃ち幽を探りて山に入り、絶境に苦行し、真を訪ねて海を渡り、危濤に担歩す。弟子、其の徽猷に籍りて、日を為すこと久し。敬みて延屈の礼を修し、敢えて講演の仁を求む。慈悲の故、必ず哀赴を賜わらん。遺孤の上願なり。軽以驚愕、荒襟流汗す。弟子某稽首和南。

中間の「伏して惟るに」から「危濤に担歩す」までは「大闍梨（円珍）」の徳と行状をいうもので、この書状の目的は初めと終わりに述べられている。すなわち、「弟子＝遺孤」が亡父（「恃む所」）の四十九日の追善の法華講会を東塔の院に開くに際して、円珍に講師となってほしいと懇請するものである。その「遺孤（遺された子）」が「澄拾遺」なのであるが、それは誰なのか。

春澄具瞻

「拾遺（しゅうい）」は侍従（じじゅう）の唐名で、「澄」は中国風に姓の一字を称したものと考えられるが、これに該当する人物を尋ねてみると、貞観九年（八六七）四月十七日に侍従に任じられた春澄具瞻（ともみ）があり（『三代実録』）、彼は善縄の子である（『三代実録』貞観十二年二月十九日）。具瞻を「澄拾遺」と考えてよいだろう。つまりこういうことになる。春澄善縄は貞観十二年二月十九日に没したが、遺子具瞻は亡父の四十九日追善の法会を営むにあたり、円珍に講師となってくれるよう要請した。それは円珍と生前の善縄との親交によるものに違いない。

菅原是善

円珍と唐人との文学交流

円珍も先輩の最澄や円仁と同じように、求法のために中国へ渡った。そのときのこととして、『円珍伝』に次のような記述がある。

初め和尚、江南より発ちて西京に至る。歴る所の諸州の耆宿名僧、及び詞客才子、欽愛褒美して、談じて口に容らず。先後呈する所の詩、稍く一十巻に及ぶ。文多ければ載せず。

中国へ到着してのち、江南から長安へ向かう旅の途中、各地の僧や詩人たちと交流を重ねるなかで、多くの詩を贈られ、一〇巻にも及ぶほどになったという。『日本国求得僧円珍目録』に見える、福州の開元寺および大中寺で取得した経典のなかに交じる「相送詩一巻」、「温州緇素相送詩一巻」、「台州開元寺建老宿詩一巻」などがこれに該当するものだろう。

僧清観から贈られた詩

こうした交流を重ねて帰国したのちのことであるが、

和尚帰朝の後、清観、元璋及び諸の嘗って蓋を傾けて相逢う者、追慕弥深し。便李有る毎に、音問絶えることなし。貞観中、清観が和尚に贈る詩に云わく、「叡山新月冷じく、台嶠古風清し」。当時の詩伯菅相公、此の一句を視て、太だ絶例と為す。

唐の地で知り合った人びととの交流は円珍の帰国後もなお続いていたが、その一人、清観から贈られた詩の一句は菅相公を驚かせた。

清観は天台山国清寺の僧。『円珍伝』に、

当時貞元年中、七大徳僧文挙老宿の門人、僧清観、元璋、同房に安置し、視ること兄弟の如し。

とある。清観は文挙の弟子で、円珍の在唐中、同房で兄弟のように生活したことがあるという。また『宋高僧伝』に伝があり、その詩文の才について言及する。

少くして百家を覧、弥三教に通ず。仍ち善く文を属り、詩筆に長ぜり。

その清観が遠く唐から使者に托して円珍に贈った詩を見て、菅相公がその表現の秀逸に驚いたというのであるが、これは菅相公が日ごろ円珍と交渉を持っていたからであろう。円珍は在唐中、厚誼を結んだ清観からの贈詩を、当時、「詩伯」、詩の大家と称されていた菅相公に示したのに違いない。あるいは批評を乞うたであろう。

菅原是善

菅相公とは菅原是善（すがわらのこれよし）、つまり道真（みちざね）の父である。彼は、嵯峨（さが）朝において父清公（きよきみ）によって確立された菅原家の学統を承けついでいっそうの隆盛へと導いた学者文人であった。文章博士、東宮学士、大学頭、式部大輔（たいふ）等、学者としての顕職を相次いで歴任し、参議にいたる。菅家の後継者にふさわしく、『文徳（もんとく）実録』の編纂には都（みやこの）良香（よしか）とともに中心的役割を果たし、『東宮切韻（とうきゅうせついん）』『銀牓翰律（ぎんぼうかんりつ）』『会分類集』『集韻律詩』などの編著があり、のち道真によって『菅相公集』一〇巻としてまとめられることになるほどの漢詩文を制作している。ただしそのほとんどは散佚（さんいつ）してしまった。

この菅原是善も円珍と親交を持った文人の一人であった。

三善清行と藤原佐世

『円珍伝』の編纂事情

これまでの論述はいずれも三善清行（みよしのきよゆき）の『円珍伝』を資料として用いてきたが、その末尾に編纂事情が記録されていて、そこには清行、そして藤原佐世（すけよ）の二人と円珍との関係が記されている。

和尚、晩年、特に尚書左少丞藤佐世、起居郎（ききょろう）善清行を愛遇す。綢繆（ちゅうびゅう）なる恩好、宿世の契り有るが如し。故に和尚の遺美を著述すべき者、此の両人仁（にん）に当たれり。而（しか）るに寛平三年の春、藤大夫、奥州刺史（おうしゅうしし）に謫（たく）せられ、清行もまた備州長吏に左遷せらる。任に居（お）る間、和尚滅度す。九年の秋、奥州、恩徴を蒙（こうむ）り、左尚書と為（な）る。駕を促して帰洛するに、中途に殞（し）す。清行、其の年、秩（ちつ）解けて京に入り、また翰林学士に転ず。

今年、和尚の遺弟子、相共に和尚の平生の行事を録し、余をして其の伝を撰定せしむ。此れまた和尚の遺志なり。余此の聖跡に対(む)かいて、宛(あたか)も再び逢えるが如し。

この記述によって、円珍の晩年、藤原佐世と三善清行はその愛顧を得ていたことが知れる。円珍は寛平(かんぴょう)三年（八九一）十月、七十八歳で没しているので、晩年といえば、仁和（八八五～八八九）から寛平の初年ということになろう。円珍伝の執筆者としてはこの二人が適任と考えられていたが、結果的には清行一人の手で編述されることとなった、その間の事情が記述されている。それは文人社会の情況と深く関わっているが、さらに当時の政治情勢が背景にある。

ここに記された円珍伝の編纂事情を読み解いてみよう。それには藤原佐世のことから述べなければならない。

藤原佐世の道真送別詩

佐世（八四七～八九七）は藤原式家に属し、正五位下民部大輔菅雄の子。大学寮に学ぶとともに、菅原道真(すがわらのみちざね)の父是善(これよし)が主宰する家塾の菅家廊下に入門する。そのことは道真の詩に詠ぜられている。『菅家文草(かんけぶんそう)』巻三の「尚書左丞の餞席(せんせき)、同(とも)に贈るに言を以ってすということを賦す」、これは仁和二年（八八六）、讃岐守となって任国へ赴任する道真を、時に左少弁であった佐世が送別する席での

作であるが、それに、

我に贈るに何の言をか重き宝と為すとならば
当(まさ)に汝が父は昔吾が師なりしと言うべし

という。このとき、道真は讃岐への赴任を、意識のなかでは左遷に外ならないと捉え、鬱々たる気持を懐いていたのであるが、そうした思いのなかで、今あなたから頂く送別の言葉として一番ありがたいのは、「あなたの父君はかつて私の先生でありました」という言葉ですというのである。

こうした関係であるとともに、佐世は道真の娘を妻としている。つまり、道真にとって、佐世は父の門下生であり、また女婿でもあるという、学統と縁戚の双方において親近な関係にあった。

文人官僚としての生き方

しかし文人官僚としての生き方には相反するものがあった。そのことが典型的に示されたのが仁和四年（八八八）に起こった、いわゆる阿衡(あこう)の紛議である。佐世は大学頭などを経て、このころ、式部少輔の官に在ったが、一方、藤原基経(もとつね)の家司をも勤めていた。宇多天皇はその即位に功労のあった基経に報いるため、基経を関白に任命したのであるが、これに関する天皇の勅答中の「阿衡」の語の意義をめぐって学者たちの間で侃々諤々の議論が繰り返されることとなった。このとき、阿衡とは単なる名誉職であり、職掌なしと解釈する学者側の中心にあったのが佐世であった。こうした藤原摂関家寄りの姿勢が、寛平三年、基経の死を待って開始された宇多天皇親政の下での佐世の失脚、つまり先の『円珍伝』に記された陸奥守への左遷へと繋がっていくのである。

陸奥守への左遷

この陸奥守任命のことは、佐世自身も左遷と自覚していた。時代が降るが、藤原頼長は『台記』の康治二年（一一四三）五月十四日条に、藤原伊通から『古今集註孝経』を借りたことを記し、次のように記録している。

佐世〈我が朝の博士〉が選ぶ所なり〈九巻〉。其の七巻は佐世の草本なり。皆点有り。世の宝物之に如かんや。第九巻の奥に朱を以って書して云わく、「寛平六年二月二日、一たび勘え了んぬ。時に謫せられて陸奥の多賀の国府に在り」と。

円珍と清行との関係

『円珍伝』後記の記述に戻るが、「清行もまた備州長吏に左遷せらる」とある。清行が備中介として赴任したのは、佐世の陸奥守補任と同時ではなく、二年後の寛平五年（八九三）であるが、清行自身、これも左遷であるという。

寛平九年（八九七）、藤原佐世は実務官僚の要職である左大弁に返り咲いたのであるが、不幸にも上京の途中、亡くなった。

清行も同じ年、任期を終えて都へ帰り、昌泰三年（九〇〇）には文章博士の官に就いた。円珍との関係から、藤原佐世と三善清行が伝記の編述者と目されていたが、上述のような事情で、『円珍伝』は清行によって編纂されたのである。

さて、佐世と清行とが晩年の円珍から愛顧を受けていたという、その具体的な様相は明確ではないが、次の例はあるいはそれと考えられるのではなかろうか。

寛平二年（八九〇）、円珍は少僧都に任じられたが、それに先立って、叡操以下の延暦寺の衆僧が円珍に僧綱が与えられることを懇請して宇多天皇に表を奉った。またその要請が認められたのち、円珍の指示に従って謝礼の賀表を奉った。それら二首の表が『円珍伝』に引載されているが、内閣文庫蔵の一本には、それらに「善相公作」、清行の作であるとの注記がある。寛平二年は円珍の死の前年であるが、これは、清行が円珍の眷顧を受けていたから、表の代作を依頼されたのだと考えられよう。

佐世については、両者の交渉の実際を見いだすことができないが、愛顧を得るようになった理由は次のように考えられはしないだろうか。それは藤原基経の介在である。

円珍と佐世との関係——基経の介在

やはり『円珍伝』であるが、先の円珍の少僧都補任に際しては、太政大臣基経の推薦があったことが記されている。さらに、ほかにも円珍と基経との関係が述べられている。元慶五年（八八一）、唐人李達が円珍の委嘱を受け、商船に托して本朝一切経の欠本一二〇巻を送ってきた。また翌六年には、円珍は三恵（さんね）を入唐させ、欠経三百四十余巻を捜写させた。このようにして円珍の手許に集められた経典にもとづいて、以前から一切経書写を宿願としていた基経はその欠巻を補写させた。仁和二年（八八六）、光孝天皇が危篤に陥ったときには、基経が円珍に対して、下山して寝側（しんそく）に侍（じ）するよう依頼している。同四年、興福寺の維摩会（ゆいまえ）においては、基経が大檀越（だんおつ）となり円珍を講師として招請した。

このような円珍と基経との関係が基経の家司を勤めていた佐世にも及んだのではないだろうか。

良

源

尚歯会

安和二年（九六九）三月十三日、大納言藤原在衡は粟田の山荘において尚歯会を催した。

白居易の尚歯会

尚歯会とはもともと中国で始まった行事で、これをわが国へ輸入したものである。有名な唐の詩人白居易が八四五年三月二十一日、洛陽の履道里の邸宅で主宰したことに始まる。「尚歯」とは「歯（年齢）」を「尚ぶ」こと、つまり長寿を祝う会である。そのとき、白居易が作った詩が『白氏文集』（巻七十一）に収められているが、詩題と後注が詠作の事情をよく説明している。

胡・吉・鄭・盧・張等の六賢、皆年寿多し。予また焉に次ぐ。偶 弊居に於いて、尚歯の会を合成す。七老相顧み、既に酔いて甚だ歓ぶ。静かにして之を思うに、此の会有ること稀なり。因りて七言六韻を成して以って之を紀し、好事者に伝う。

（詩省略）

前懐州司馬、安定の胡杲、年八十九。

衛尉卿致仕、馮翊の吉皎、年八十六。

前右竜武軍長吏、滎陽の鄭拠、年八十四。

前慈州刺史、広平の劉真、年八十二。

前侍御史内供奉官、范陽の盧貞、年八十二。

前永州刺史、清河の張渾、年七十四。

刑部尚書致仕、太原の白居易、年七十四。

已上七人、合わせて五百七十歳。会昌五年三月二十一日、白家の履道の宅に於いて同に宴す。宴罷りて詩を賦す。……


八十九歳の胡杲から七十四歳の白居易に至る七人の老人たちが会して長寿を自祝し、詩を詠じた。

元慶の尚歯会

この白居易ら七老による尚歯会は日本に移されて、わが国でも尚歯会が行われるようになった。日本における最初の尚歯会は元慶元年（八七七）三月、大納言の南淵年名が小野の山荘で催したものである。大江音人、藤原冬緒、菅原是善、文室有真、菅原秋緒、大中臣是直の六人が招かれ、中国の例に倣って七人の老人（七叟）によって行われた。このことを記録する『扶桑略記』の四月九日条に「酒を命じ詩を賦す」とある。同じように酒を飲み、詩の詠作を行ったのである。

安和の尚歯会

藤原在衡

これに次ぐのがはじめに述べた安和（あんな）の尚歯会である。これを主宰した藤原在衡は時に大納言の地位にあり、最後には従二位左大臣にまで昇るのであるが、彼はこの位官から漠然と想像される、将来の高位顕官が約束された藤原氏嫡流という身分などではなかった。

在衡は北家魚名（うおな）流。祖父山蔭（やまかげ）は中納言にいたったが、父の有頼（ありより）は従五位下但馬守（介とも）にとどまっている。そうした家の出身である。

在衡の経歴については、自ら記した、格好の〈履歴書〉がある。「藤原在衡職封（しきふ）施入諷（ふ）誦文（じゅもん）」（『朝野群載』巻十七）である。これは、安和二年（九六九）、尚歯会主宰と同じ年の十月二十八日付のもので、このとき、在衡はすでに右大臣となっていたが、この地位に昇りえたのも長年に及ぶ醍醐天皇の恩寵のお蔭であるとして、大臣の職封の一部を天皇の御願寺に施入することとした、そのときの諷誦文である。

そのなかに、大学寮入学以来の経歴が述べられている。それによると、延喜八年（九〇八）大学寮に入学し、十三年に文章生となり、十五年学問料を支給される。十七年文章生の労によって伊予掾、次いで備前掾に任じられ、十八年には方略試の宣旨を得て対策に応じ及第する。翌年少内記として官途に就くが、以後も式部少輔、同大輔、弁官などを歴任し、文人官僚として出世していく。

こうした在衡の履歴を見てみると、彼は尚歯会の主宰者たるにふさわしい文人貴族ということができる。

安和尚歯会詩

この在衡が主宰した安和二年の尚歯会においても詩が詠じられている。その詠詩として従来知られていたのは『群書類従』所収の『粟田左府尚歯会詩』であるが、じつはこの詩巻は尚歯会に陪席した人びとの、〈尚歯会を見る〉立場で賦された詩を収めたものであって、尚歯会の当事者の作ではなかった。尚歯会の当事者とは、先に述べたように、会の主宰者と彼が招く六人の老人、すなわち七叟である。

ところが、この七叟の詩を含む、安和二年尚歯会のもう一つの詩巻が伝存していることが近年明らかになった。名古屋市の徳川美術館蔵の『尚歯会詩』である。この詩巻には九首の詩と残欠の一句が書かれているが、内容のうえから二つに分かれる。中心になるのは残欠句と七言六韻の五首であるが、これがじつは七叟の詩であった。すなわち佚句は主宰者在衡の作で、以下、橘好古（たちばなのよしふる）、高階良臣（たかしなのよしおみ）、菅原雅規（まさのり）、十市有象（とおちのありかた）、橘雅文（まさふみ）の作五首である。

安和二年の尚歯会の七叟の詩はこうしたかたちで伝えられていたのである。

良源と藤原在衡の唱和詩

さて、本章にとって重要なのは、『尚歯会詩』の、この七叟の詩を除いた四首である。それは主宰者在衡と時の天台座主良源との間でやり取りされた唱和詩なのである。

良源

良源は延喜十二年（九一二）近江国浅井郡に生まれた。俗姓は木津氏。十二歳のとき、比叡山に登って理仙に師事し、十七歳で座主の尊意に従って出家した。承平七年（九三七）の維摩会での活躍（後述）をきっかけとして、藤原忠平、その子師輔の知遇を得て、政治権力の中枢との結びつきを深くしていく。村上朝の天暦四年（九五〇）には師輔の推薦によって、その外孫にあたる東宮（のちの冷泉天皇）の護持僧となる。応和三年（九六三）八月、清涼殿において、法相宗を中心とする南都の僧と天

図５　良源画像（鶴林寺蔵）

台宗僧との間で『法華経』の論義が行われた。いわゆる応和の宗論であるが、良源はここでの活躍によってさらに名声を高め、康保元年（九六四）内供奉十禅師となり、同三年には天台座主に補任された。座主就任直後に延暦寺は大火に見舞われたが、良源はこれを奇貨として、世俗の権力を後楯としながら叡山の再興に手腕を発揮する。安和二年はそういう時にあった。

承平七年の維摩会

良源と藤原在衡との間でなぜ詩の贈答が行われることになったのか。そのことが第三首、良源の詩の後聯とこれに付された自注に記されているので、まずこちらの方から見ておこう。

維摩室裏恩に逢いて後
四十年来君を忘れず
余少き日、初めて維摩会に参る。殿下、勅使と為る。帰洛して事を奏聞する次、愚、不才を以って、実を過ぎて褒美せらる。彼の恩沢の行、今に及べり。故に云う。

注は詩句表現の意図を補足説明するために作者が自ら付したものである。四〇年以前、良源がはじめて維摩会に参加したとき、在衡は勅使として臨席した。両者の交友はそれ以来のものであるという。

維摩会は藤原氏の氏寺である奈良の興福寺で行われる法会で、十月十日から七日間行われ、『維摩経』を講説し、論義が戦わされる。はじめは藤原氏の私的な法会であったが、延暦二十年（八〇一）勅命によって永く興福寺で行うことが定められ、円珍の章、春澄善縄の条に見えた大極殿御斎会および薬師寺の最勝会と並んで三会と称される権威ある法会となった。

ここに詠まれている維摩会は承平七年（九三七）十月十日のことで、良源の伝記『慈恵大僧正伝』に詳しく記述されている。このとき、天台宗の基増が講師に任命され、良源がその威儀僧に選ばれた。また維摩会には藤原氏の弁官が勅使として派遣されるのを例としたが、このときは左中弁であった在衡がその任に当たっていた。その在衡の提案で、延暦寺方と南都方それぞれ四人の学僧を選んで、仏法の奥旨を論じて雄弁を競うこととなり、その一番手として良源が法相宗の義昭と対論することとなった。義昭は南都における「学中の英傑」で、また「弁論の道、古今類い希なり」と評される人物であって、年齢および僧としての経験も良源より長じていたので、若輩僧を相手とすることに難色を示したが、南都方の長老である仁斅の、良源は現今の俊才であって、将来必ず国の宝となるはずの僧だからという説得に応じて、義昭は良源と対論し、二人は弁論に奥儀を尽くした。また南

（三の丸尚蔵館蔵）

維摩会の様子．

図6　『春日権現験記絵』
興福寺での

都方の僧に、そうした不釣り合いの対論に怒って、良源の出席を実力で阻止しようとする者たちがいたが、こちらは良源の弁舌にあっさりと兜を脱いでしまった。このような良源の卓越した学才と弁舌を在衡は目の当たりにして、都へ戻って時の太政大臣藤原忠平に報告した。このことが良源が忠平の恩顧を蒙るきっかけとなり、またこれによって良源の名声が世間に広まることとなったという。

このことが在衡が良源を知る機縁となり、引いては今の唱和詩の贈答ともなったのである。

唱和詩。第一首、良源の詩

どのような詩が二人の間で唱和されたのか。はじめから読んでいくことにしよう（この唱和詩四首は『尚歯会詩』のほかに『慈恵大僧正拾遺伝』〔続天台宗全書　史伝2〕にも引用されていて、これに従って本文を補訂した個所があるが、本書の性格上、注記はしない。詳しくは後藤昭雄「安和二年粟田殿尚歯会詩」『平安朝漢文文献の研究』吉川弘文館、一九九三年、参照）。

第一首。

右相府に謁(まみ)え奉(たてまつ)る次(ついで)、尚歯会の詩を投賜せらる。披(ひら)き読む間、感情禁じ難し。仍(よ)って一絶を加え、謹んで返し奉る

老釈良―（源）

七賢の佳会昔聞くこと希なり
幸いに見る今春尚歯の文
南相白家もなお若かず
日中昇進は君に在り

暮春十三日、尚歯会の宴を成さる。同月二十六日、忽ち右丞相に遷らる。世を挙げて感嘆す。故に此の句を献ず。

詩題によれば、良源が在衡に会ったときに、在衡から尚歯会の詩を見せられた、というのであるが、次の在衡の第二首の詩題には、さらにその前段階があったことが述べられている。すなわち、良源が在衡のもとを訪れたときに、良源の方から尚歯会詩を見せてほしいと求められたから、というのである。

その尚歯会詩は先に紹介した『尚歯会詩』に残る七叟の詩を書いたものと考えられ、在衡の詩もそこにあったはずであるが、現存の在衡の作は残念なことに最後の一句と自注が残るだけである。

涯りなき帝徳未だ酬いること能わず

> 位は二品に登り、官は納言を添くす。情性頑愚にして、年歯老邁なり。拾遺補闕、未だ一□を得ず。故に云う。

「拾遺補闕」は臣下として君主の足らざる所、過ちを補い正すこと。従二位大納言にいたるという恩寵を頂きながら、性愚かで老齢となり、そうした務めを十分に果たしえていないというのである。

この句を含む在衡の尚歯会の詩を読んで、良源が抑えがたい思いを詠んだのが先の詩であるが、第一句は白居易の尚歯会詩の表現を踏まえている。先に引用した白居易詩の詩題に「静かにして之を思えば、此の会有ること稀なり」とあったが、また詩の結句にも「人間此の会更に応になかるべし」と詠む。これらを踏まえる。第三句の「南相」はわが国における最初の尚歯会の主宰者である大納言南淵年名、「白家」はいうまでもなく白居易である。中国と日本における先蹤となる尚歯会の主宰者白居易および南淵大納言も、会の直後、右大臣への昇進を獲ちえた君には及ばないという。在衡は自注にいうように、尚歯会が催されてわずか十数日ののち、右大臣に任じられている。

第二首、在衡の詩

良源から贈られた詩に対して、在衡は次のように答えた。

> 天台座主僧都、先日門に過ぎらるる次、尚歯会の詩を求めらる。即

ち以って之を奉る。返し賜わる時、更に一絶を添えらる。吟翫に堪えず。仍って同韻を綴ぬ。
右大臣藤原在衡

和漢の佳遊旧聞有り
先跡を相尋ねて文を裁ることを恐る
唯慙ず慮外に昇進に逢えること
事うるに愚庸を以って聖君に奉ぜん

来章に、七叟の尚歯会と丞相に拝除さるの句あり。仍って之に答謝す。

詩題の「同韻を綴ぬ」とは、良源の詩と同じく「聞・文・君」を韻字として用いたことをいう。以下の二首も同じである。詩の前聯は、中国と日本と尚歯会の先蹤がすでにあり、そのことを思うと詩を作ることに身の引き締まる思いがするという意味であろう。詩注は、良源から贈られた詩には尚歯会のこと（前聯）と大臣に任じられたこと（後聯）とが詠まれていた。そこで私もこれに応じて詠んだという。

第三首、良源の詩

この在衡からの答詩に対して、良源は再び詩を和して贈った。

尚歯会詩を返し上る間、感懐相催し、二十八字を加う。殿下（源）忝くも答和せらる。罷めんと欲るも能わず、重ねて文字を綴ぬ。
山僧良一

殊韻声有り地に擲てば聞こゆ
耳驚く今得たり天に掞く文
維摩室裏恩に逢いて後
四十年来君を忘れず
（自注省略）

詩題の「二十八字」は第一首のことを指す。この詩では、良源は表現に意を用いている。第一句、「擲地」は『世説新語』文学篇（『晋書』孫綽伝にも）に見える、孫綽が『文選』に収められる「天台山賦」を作ったときに、范栄期に向かって自信のほどを示して言った「卿試みに地に擲たば、要ず金石の声を作さん」にもとづく。またこれと対をなす第二句の「掞天」は左思の「蜀都賦」（『文選』巻四）の、蜀の国が輩出した人物を称揚した「幽思道徳を絢にし、藻を摛べて天庭に掞かす」という叙述による。ともに詩文の秀逸をいうもので、のち鎌倉時代初めに編纂された詩文制作のための指南書『擲金抄』（この書名もいうまでもなく今述べた孫綽の故事による）の文学部、文章の項に「談（ママ）天擲地」と、この二語が対語としてあげられている。要するに、前聯は贈られた在衡の詩を賞賛する。後聯と自注は良源と在衡の四〇年来の親交を物語るものとして先に読んだ。

第四首、在衡の詩

在衡も重ねて和詩を詠んで答えた。

台山の上首、尚歯会の詩を返さるる日、一絶の篇章を加えらる。感嘆殊に深し。聊か蕪詞を綴ぬ。而るに重ねて高和を賜う。仍って以って酬い奉る。

右大臣藤原在衡

賢公の声価古今に聞こゆ
即ち憶う文殊も亦文を好みしことを
彼の浄名の乗行 摂に因る
世身は都て是れ明君に属す

本詩に、初めて維摩に参りし後、出身昇進すの句有り。仍って此の句を奉る。

詩題の「台山の上首」とは天台座主。第一句の「賢公」も良源をいう。第二句は良源が僧の身で作文にも優れていることは文殊を連想させるというのであるが、文殊菩薩の「好文」については未詳である。第三句の「浄名」は維摩詰のこと。第四句は、前詩の後聯に、今日の我が身があるのは四十年前の維摩会以来のあなたの御恩顧のおかげですと詠んだのに対して、良源の栄耀はすべて天皇の恩沢によるものであるという。

藤原在衡が主宰した尚歯会に付随して、彼と良源との間で唱和された詩は以上のとおりである。天台座主という天台仏教の最高位にある僧と文人貴族との、詩文を通しての交渉の例である。

橘在列＝尊敬

出家した文人㈠

沙門敬公集序

『本朝文粋』巻八に源順が執筆した「沙門敬公集序」が収められている。これは延暦寺の尊敬上人の詩文集『沙門敬公集』に冠せられた序文である。ただし集そのものはすでに失われていて、この序文のみが残されているのであるが、この集序は、その出家をも含めて橘在列すなわち尊敬の伝記を語る最良の資料である。しばらくこの序を読んでみよう。

出身と学才

延暦寺の尊敬上人、俗姓は橘氏、名は在列、字は卿、和州員外刺史秘樹の第三子なり。

尊敬は橘在列の僧名である。在列はすぐ後に見えるが大学寮に学んでいる。「卿」はその学生としての字である。父秘樹はここには大和権守と記されているが、ほかに阿波守、但馬介、尾張守などを歴任している。地方官に終始しているが、彼は『扶桑集』の詩人であった。『扶桑集』は現存本は残欠本であり、秘樹の詩は収められていないが、『二中歴』「詩人歴」の「扶桑集七十六人」のなかにその名が見える。詩文の才を持った人物であった。

> 公少くして大学に遊び、聡識群に挺んず。相如が風月の骨、揚雄が河漢の才、皆自然にして得たり。

在列は「秋夜の感懐」の詩（『本朝文粋』巻一）では、「吾は是れ北堂の士、十歳にして始めて書を読む」と詠じている。「北堂」は大学寮の文章院である。「相如」は司馬相如、「揚雄」とともに漢代の代表的な文人である。在列は若くしてこの二人にも比すべき文章の風格、雄弁の才能を身に付けていた。

源英明との交渉

> 世に『源氏小草』五巻有り。左親衛源亜将の家集なり。亜将は菅丞相の外孫なるを以って、出でては武職を勤め、入りては文章を好む。始め公が才名を聞きて、其の風藻を試みんと欲う。一旦相遇いて、忽ちに詩酒を命ず。座上に筆を走らせて、頻りに妙句を寄す。詩各十篇を成せり。「陶元亮出でて詩句に能し、

無垢称生まれて法文に長ぜり」、是れ其の公を美めたる一句なり。公且談じ且飲す。亜将相顧みて座客に謂いて曰わく、「橘卿は実に天才なり」と。自後、華閣月亭、常に以って招引す。公が詩を見て歎ぜずということなし。

『源氏小草』は現存せず、ここに記載されていることでわずかに存在が知られる詩集である。「左親衛源亜将」は左近衛中将の源英明をいう。彼は宇多天皇の皇子、斉世親王の子で、母は菅原道真の娘である。つまり「菅丞相の外孫」となる。英明は外祖父の血を承けて好文の人でもあって、在列の才名を耳にして、彼の詩文の才を試してみたいと思い、あるとき、会ったのを機会に詩の唱和を行った。

『扶桑集』の唱和詩

『扶桑集』巻七、贈答部に、集序に述べられている二人の間で贈答された詩二二首が収められていて、その唱和詩の世界をうかがうことができる。引用されている「陶元亮」云々の一聯も、唱和詩の第一首、英明の詩の句である。この詩には長い詩題が付され、唱和詩の序文の役割を果たしているが、その記述はこの集序にいうことと多少相違している。

近曾橘才子と山寺に相遇い、清談間発す。或は詩章を言い、或は釈教を論ずるに、両道兼ね通じ、一も及ぶべからず。予、欣感に堪えず、同に載りて家に帰る。天爵の余り有るを喜び、人位の末だ備わらざるを歎く。聊(いささ)か長句を題して、其の由(よ)る所を叙(の)ぶ。

これによれば、二人の最初の出会いはある山寺であった。詩文のこと、また仏教のことを論じ合ったが、在列はどちらにも通暁していた。そのかつての出会いの折に知った、在列の才学に対する感歎の思いを表現したのが、

陶元亮出でて詩句に能し
無垢称生まれて法文に長ぜり

の句である。「陶元亮」は陶淵明、「無垢称」は維摩詰(ゆいまきつ)である。在列が詩文と仏教の双方に通じていることを、この二人になぞらえていうのである。

集序の記述に戻って、英明は花を見、月を賞でて詩を詠じる宴席には必ず在列を招待した。

晩達の悲哀

ああ高才の遇せられざること、古よりして有り。公、年三十にして始めて文人に補せらる。天下其の名士の晩(おそ)く達するを痛む。公も亦(また)自ら倦(う)みて、業を去りて爵(しゃく)に就(つ)く。即ち芸州別駕(げいしゅうべつが)に除せられ、累(かさ)ねて御史中丞(ぎょしちゅうじょう)に遷(うつ)る。職に居ること歳余、台務粛清(しゅくせい)なり。霜威弥(いよいよ)厳にして、風誉益(ますます)遠し。

在列はすぐれた才能を有しながら、それに見合うだけの地位を大学寮のなかで得られな

かった。三十歳にしてようやく「文人」に任じられたという文人とは、擬文章生が補せられる釈奠文人職のことである。文章生の一つ手前の段階である。

人びとが彼の不遇を痛んだというが、源英明も先に引用した長文の詩題に、「天爵の余り有るを喜び、人位の未だ備わらざるを歎く」と同情の思いを書き記している。

在列の詠懐詩

「公も亦自ら倦む」、在列自身もしだいにいや気がさしてきた。在列はその痛憤を詩に詠んでいる。「秋夜の感懐。敬みて左親衛藤員外将軍に献る」（『本朝文粋』巻二）がそれである。なお贈った相手は藤原氏であるから、英明ではない。途中からであるが、

月に対かいて仰いで惆悵す
惆悵する意は何如
吾は是れ北堂の士
十歳にして始めて書を読む
書を読んで業未だ成らず
玆に三十余
遅々として手を空しくして帰り

　　帰り去りて吾が廬（いおり）に臥す
　　家貧しくして親知少く
　　身賤（いや）しく故人疎（うと）し

という。注釈を加える必要もないであろう。
在列は専門の学者として立身することに見切りをつけ、官吏となる道を選び、安芸介、ついで弾正弼（だんじょうのひつ）となった。

学閥の壁

在列に学問の世界における栄達を断念させたのは、そこにあった学閥優先の厚い壁であった。ほぼそのころと考えられる承平五年（九三五）八月二十五日付の奏状に次のようなことが述べられている。この奏状（『類聚符宣抄（るいじゅうふせんしょう）』巻九）は在列と同じ橘氏に属する直幹（なおもと）に対策受験を認める宣旨が下されるよう申請するものである。

　謹んで案内を検するに、我が朝の献策者は、慶雲（けいうん）の年より始め、承平（じょうへい）の日に至るまで、都盧（すべて）六十五人なり。元慶（がんぎょう）以前は数十人、多くは是れ其の家に名づくる者なり。寛平（かんぴょう）以後は只（ただ）儒後儒孫のみ有りて、父祖の業を相承く。門風に依らずして、偶（たまたま）仙桂を攀（よ）ずる者は四五人に過ぎざるのみ。茲（これ）に因りて、或（あるい）は文藻を含み乍（なが）ら、忽（たちま）ち登竜の心を変じ、或は弓裘（きゅうきゅう）に非ずと称して、遂（つい）に射鵠（しゃこく）の望みを断つ。

献策は一般には対策といい、大学寮における最高課程の試験である。その及第者はもともと極めて限られたものであったが、その合格者層が途中で変質している。九世紀後半の元慶年間以前は、多くは各自の実力によって合格し家名を挙げる者であったが、九世紀末期の寛平以後は、代々学問を家業とする家の子弟に限られるようになり、それ以外の家の出身者が及第することはごく稀なこととなってしまった。それで、優れた文才を持ちながら、挫折を余儀なくされる者が出現してきたという。「文藻を含み乍ら、忽ち登竜の心を変ず」とは、まさに在列の生き方そのものである。

出家

> 然れどもなお栄を朝市に厭いて、心を釈門に栖ましむ。一切の経論、漸く秘賾を探る。天慶七年冬十月、遂に俗網を脱れ、天台山に遊ぶ。

在列は方向転換を計って官吏の途を進み、はじめ地方官となり、ついで京官へ転じ、職務に精励して名声も得ていたのであるが、しだいに世間の栄達を追い求めることに疑問を懐くようになり、仏教に心を寄せて、その教義の深奥を極め、ついに天慶七年（九四四）十月、比叡山に登って出家を遂げた。法名を尊敬と称する。生年が未詳なので、彼がこのとき、何歳であったかは明らかでない。

詩魔

五酔を除却し、四魔を降伏せしむ。其れなお降らざる者は、独り詩魔のみ。
この故に洞霞の春、渓霧の秋、山鶯華に囀る朝、林鹿葉を踏む夕に至る毎に、師無くして知る力、能く其の文を飛ばし、他を利する願の余り、或は人の為に作る。

出家して仏法に心を帰することで、さまざまな欲望、生命を奪い取る因縁は払い去ることができたが、唯一心中に宿った〈詩魔〉だけはどうしても抑え切れなかったという。
詩魔とは詩作に駆り立てる内的衝動といえばよいだろう。この個所は、白居易の「閑吟」(『白氏文集』巻十六)を典拠としている。

苦に空門の法を学びてより
銷し尽くす平生種々の心
唯詩魔有りて降すこと未だ得ず
風月に逢う毎に一たび閒吟す

かくて尊敬は春に秋に、風物に触れて感興を催しては自ら詩作し、あるいは他人に依頼され、促されて漢詩文を作った。このことは、次章に取りあげるもう一人の〈出家した文人〉である寂心(慶滋保胤)の、筆を執ることに極めて禁欲的であった生き方と鮮やかな違いを見せている。

『沙門敬公集』　在列は出家したのちも詩魔を降伏させることができず、引き続いて詩文の制作を行った。その結果、多くの作品が蓄積されることとなり、『沙門敬公集』として編纂された。それは次のような内容を持っていた。

仍って近くは黌舎に道を味いしより、遠くは幽栖に迹を晦くせしに至るまで、公が作れる所、詩・賦・歌・賛・啓・牒・記・状・呪願・願文等、且つ記録して七巻と成す。聊か由緒を述べて、篇首に冠らしむ。……、甲寅の歳三月二十八日、前の進士源順序す。

『沙門敬公集』は在列の学生時代から退隠後の作までを含み、文体は一〇種に及び、七巻から成るものであった。彼の全作品を集成したものであったと見てよいだろう。

なお、日付の「甲寅」は天暦八年（九五四）に当たる。このことから、尊敬はその前年に没したものかと推測されている。

出家後の詩文制作

在列は尊敬となったのちも、なお詩文の制作をやめることはなかった。今に尊敬として作った作品が伝えられている。それらを見ていこう。いずれも『沙門敬公集』に収載されていたという文体の呪願文と賛である。

延暦寺仁王会呪願文

『朝野群載』は巻頭の巻一―三に漢詩文を文体ごとに分類して収めているが、巻二「呪願」に尊敬の「延暦寺仁王会呪願文」がある。天慶九年二月二十日の日付があり、出家して二年後の作ということになる。

呪願文は法会に際して施主に仏、菩薩の加護利益が与えられることを祈願する文であるが、四字句を長く連ねた構成を持つ点が一番の特徴である。兵乱、災害などにあたって、

『仁王般若経』を講読して鎮護国家、徐災招福を祈る仁王会に用いられる場合が最も多いが、これもそうである。この呪願文は、前年の冬以来、「夭(妖)狐夜鳴き」「群鳥朝に噪ぐ」という物怪が続くので、これを払い徐き、天皇(朱雀)、太上院(宇多)以下の息災を祈るために仁王会が行われたことを述べている。

延暦寺東塔法華三昧堂壁画賛

同じ天慶九年(九四六)の八月、在列は「延暦寺東塔法華三昧堂壁画賛」を制作した。画賛であるが、今は賛のみを抄出した賛集として伝存している。京都の高山寺の旧蔵本で、現在は大東急記念文庫に所蔵されている。内題に「天慶九年八月之比東塔法華三昧堂壁画大師等賛〈作者橘在列〉」とあり、これによって、内容、作者、制作年時が明白である。すなわち、延暦寺の東塔にある法華三昧堂の壁に描かれた祖師高僧の肖像に付された賛である(賛については、あとの「讃」の章を参照)。

法華三昧堂は、延暦寺の多くの諸院伽藍の由来、結構、本尊などに関する記録を集めた『叡岳要記』によれば、檜皮葺、方五間の建物で、堂内には金銅の多宝塔および多宝仏像、『法華経』が安置されていた。また次のような由来が記されている。

最澄は法華堂を建立したいという願いを懐いていたが、なかなか適当な土地が見つからなかった。ある夜中に『法華経』の「安楽行品」を読誦する声が聞こえてくるのでその声を尋ねて行くと、止観院の西にある塚の林の中からのものであった。こうした不思議が数日続いたので、そこに法華堂を造営することとしたが、土中から一体の髑髏が現れ、赤い舌が残っていた。その舌が経文を読誦していたのである。建物は弘仁二年（八一一）七月に完成した。その後、円仁によって半行半座三昧行法華が伝えられたこと、朱雀院によって近江国志賀郡の水田が施入されたことも記されているが、壁画あるいは賛については言及がない。ただし、天慶九年は朱雀の治世であり、水田の施入は壁画賛の制作と関連するものであったかもしれない。

　さて、その画賛はインド、中国、日本の三国にわたる三二名の高僧たちを対象とするものであった。

　1中天竺善無畏三蔵、2北天竺不空三蔵、3南天竺金剛智三蔵、4南岳慧思大師、5天台智者大師、6国清寺灌頂大師、7縉雲智威大師、8天官寺慧威大師、9左渓玄朗大師、10妙楽寺湛然大師、11瑯琊道邃大師、12呉興道宣律師、13泗州玉泉寺僧伽和尚、14一行阿闍梨、15恵果阿闍梨、16順暁阿闍梨、17義真阿闍梨、18法詮阿闍梨、19南天竺婆羅門僧正、20聖徳太子、21鑑真大和尚、22行基大僧正、23伝教大師（最澄）、24慈覚大師

（円仁）、25智証大師（円珍）、26義真和尚、27円澄和尚、28光定和尚、29安恵和尚、30恵亮和尚、31延最和尚、32静観僧正（増命）。

これらの祖師高僧たちはおおよそ四つのグループに分けることができる（亀田孜「一乗寺天台高僧像私見」『日本仏教美術史叙説』学芸書林、一九七〇年）。第一は善無畏、不空、金剛智、一行、恵果、順暁、義真、法詮（1〜3、14〜18）の密教伝法の法脈に連なる人びと。次は慧思、智顗、灌頂以下、僧伽に至る（4〜13）天台系の祖師である。以上はインド、中国の僧である。第三は婆羅門僧正（菩提遷那）、聖徳太子、鑑真、行基（19〜22）の渡来僧および天台系の応現者。第四は最澄から増命まで（23〜32）、歴代の座主を含む天台宗の高僧たちである。

尊敬の筆になるそれらの賛はどのようなものなのか、一首読んでみよう。著名な人物として聖徳太子の賛を例とする。

聖徳太子賛

南岳後身　南岳の後身

為吾儲君。　吾が儲君為り

海香泛灔　海香泛灔たり

天花繽紛。　天花繽紛たり

青竜馭漢　青竜漢に馭せ
黒駒躡雲。黒駒雲を躡む
便知菩薩　便ち知る菩薩なりと
身馨至芬。身の馨り至って芳し

賛はこのように多く四字句である。また韻を踏む。○を付した個所がそれである。

第一句の「南岳」はすなわち4の南岳慧思大師である。聖徳太子に関する有名な話であるが、太子は慧思の生まれ変わりであるという説があった。それをいう。第二句の「儲君」は皇太子。

第三句、「海香」は須弥山の南岸に産する栴檀の香り。『法華経』「薬王菩薩本事品」の「海此岸の栴檀の香を雨す」による。『聖徳太子伝暦』の推古天皇三年条に、太子が淡路島の海岸に流れ着いた栴檀の香木を手に入れて天皇に献じ、天皇はこれで観音菩薩の檀像を造らせたということが記されているが、この句はそのことを踏まえている。

第四句は太子が推古天皇の前で『勝鬘経』を講釈し、講じ終わった三日目の夜、天から蓮花が降ったという霊異譚にもとづく。

第五句は先の慧思後身説とも関連するが、太子が青竜の車に乗って衡山（南岳）に飛来し、前生で所持していた『法華経』を日本に将来したという、いわゆる南岳取経説による。第六句は甲斐国から献上された黒駒に乗って空を駆け、信濃や越の国を経巡ったという話によっている。

第七句の「菩薩」は観音菩薩。太子に関して、先の慧思後身説とともに、救世観音の化身であるとする説が行われた。

結句は太子の誕生直後のこととして、湯浴ののち、母に懐かれた太子は「身体太だ香し」（『聖徳太子伝暦』敏達元年条）とあるのを踏まえて詠む。

以上のように、聖徳太子の賛はいずれの句も太子に関する故事を踏まえ、これを四字句にまとめたものであるが、それらはすべて『聖徳太子伝暦』に記されたものである。「聖徳太子賛」については『伝暦』との密接な関連が推測される。

法華三昧堂壁画賛の受容

尊敬が作ったこの諸大師等賛は、三二名もの多数の人物の賛であり、平安朝における賛の系譜において、注目すべき作であるが、またのちの時代に比較的よく利用されている点でも、大きな意味を持っているのである。以下そのことを見ていこう。

壁画賛を収載する比較的よく知られた文献は『朝野群載』である。巻一の讃の部に「天

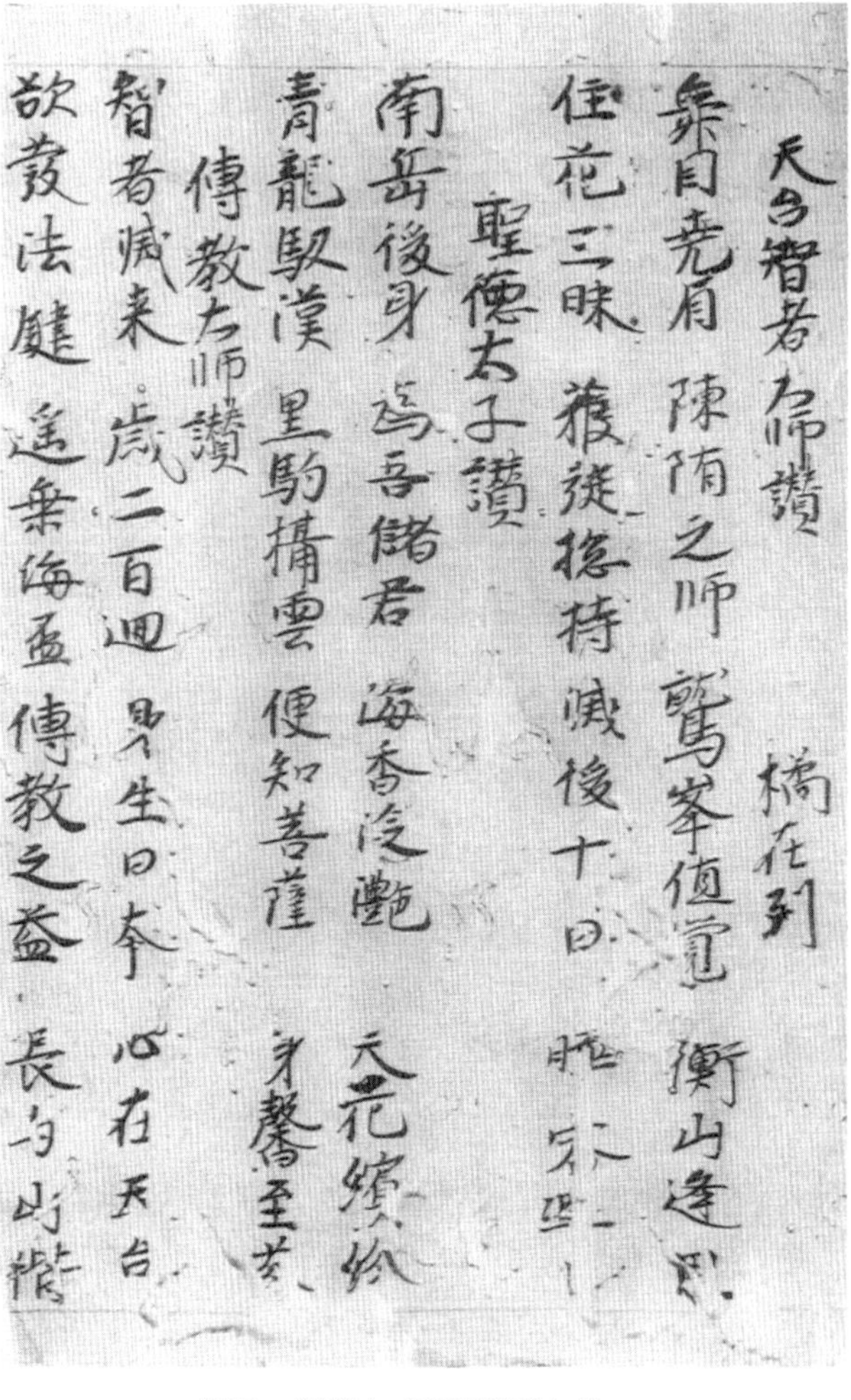

図7　猪熊本『朝野群載』巻1

引用された橘在列の賛3首.

台智者大師讃」「聖徳太子讃」「伝教大師讃」の三首が引かれている。

これは「法華三昧堂壁画賛」と類似した資料である。真言の法系に属する

三国祖師影

小野僧正仁海（にんがい）（九五一？〜一〇四六）が制作したとされるもので、インド、中国、日本の三国の祖師四六名の影像をまとめた白描の図巻である。それぞれの図像には祖師名は必須のものとして、さらに忌日、寺名、行状、銘などが書かれているものがあるが、これに賛が含まれているものがある。次の一四名である。不空、善無畏（ぜんむい）、法全（はっせん）、達磨（だるま）、恵可（けいか）、僧璨（そうさん）、道信、弘忍、恵能（えのう）、行基、聖徳太子、婆羅門僧正、僧伽、道宣。そうして、このうち半数の善無畏、法全、行基、聖徳太子、婆羅門僧正、僧伽、道宣の賛は「法華三昧堂壁画賛」のそれをそのまま借り用いている。

天台高僧像

兵庫県加西市の一乗寺に「天台高僧像」と称される高僧像九幅とこれと一具をなす聖徳太子像が伝来している。国宝に指定されている平安後期高僧像の代表例である。このうちの七画像——善無畏、竜樹（りゅうじゅ）、慧文（えもん）、智顗（ちぎ）、灌頂、湛然（たんねん）、聖徳太子、最澄、円仁には、上部に色紙形を画（かく）して賛が書かれているが、善無畏、灌頂、湛然、聖徳太子、円仁については尊敬の賛が書かれている。そうして、この「天台高僧像」に関しては、この画賛が大きな意味を持っているのである。というのは、これらの高僧像

は、形相からだけでは、像王が誰なのか、明確ではないのであるが、それを決定する確かな根拠となるのが賛なのである。色紙形に書かれた賛は落剝が多く、部分的にしか判読できないが、その残された賛の文字から、先のように像主を判定することができる（前出、亀田孜「一乗寺天台高僧像私見」）。

『無名仏教摘句抄』　この書は大阪府河内長野市の金剛寺の経蔵から見いだされたもので、近年存在が知られるようになった新資料である（図9、一六一ページ参照）。列帖装（ノート型）の古写本で、「宝治元五月廿八日書之　戊時許（花押）」という書写奥書がある。宝治元年は一二四七年。本書は経典、願文、表白、仏教関係の伝、詩、消息などから要句を抜き書きして類聚したものである。表紙見返しに、「讃仏、寺塔、法門、菩薩、僧、神分、霊分」という目録に当たる書き入れがあり、そのとおりに七部に分けて摘句を収録している。ただし、どこにも書名が書かれていない。「無名仏教摘句抄」というのは、このような内容に即しての仮称である。

この書の僧の部にいずれも「在烈」の注記を持った一連の引用がある。全部で六首であるが、いずれも四字句で、それぞれに「南岳」「聖徳太子」などの注記もあり、「在烈」という注記と考え合わせると、これは「法華三昧堂壁画賛」であろうと推測される。在烈は在列である（古写本では「列」が「烈」と書かれることは多い）。突き合わせてみると、はたして在列の壁画賛である。慧思、聖徳太子、伝教大師、慈覚大師、静観僧正の賛が引用されている。

ほかに、香川県金倉寺蔵の円珍像に付された色紙形にも、尊敬作の賛が書かれている（三六ページ、図3参照）。

以上のように、尊敬作の「法華三昧堂壁画賛」はのちの時代の文献や祖師高僧の図像に取り入れられている例が多い。高僧画賛の標準作という位置にあったと考えられる。

『尊敬記』

『叡岳要記』に引用されている佚文から、かつて『尊敬記』なるものが存在していたことが知られる。文殊堂、大講堂、山王院、丈六堂の条に四条が引用されている。大講堂の条の引用文に「尊敬記第三云」とあることから、ある程度の分量があって、巻に分けられていたと思われる。内容はもっぱらそれらの院堂に安置された仏像の由来について述べるものである。たとえば文殊堂の条引用の『尊敬記』には、毘沙門天像は行基が自ら制作したもので、延暦寺の俗別当である伴国道家に相伝されたものである、また薬師如来像は安恵の自作であり、この二体の仏像は鎮護国家の霊仏として永く延暦寺の本尊となってきた。このようなことを記している。

「百枝縁起」　やはり『叡岳要記』の引用から知られるものである。先の『尊敬記』は尊敬の著作の一つとしてわずかながら言及されることもあったが、この「百枝縁起」は従来まったく取りあげられることがなかった。文殊堂と大講堂の条に引用があるが、前者は後者の一部であるので、遺存する佚文は一つだけということになる。ただし、かなりの長文である。

これが尊敬の作であることは、文殊堂条の引用文に「尊敬百枝縁起」とあることから知られるのであるが、大講堂条の佚文には「伝教大師父三津首百枝本縁起」とあって、その内容を物語っている。すなわち、これは最澄の父、三津首百枝についての縁起なのである。ただし内容ははなはだ荒唐なものである。長文なので、引用は一部にとどめるが、次のようなものである。

其の父は後漢の孝献帝の孫、高万貴王の子なり。船に乗りて浪に浮かんで海上に遊ぶ。大日本国軽嶋明宮の応神天皇の第三十年、近江国志賀郡に化来す。年百余歳なり。始め姓を賜りて三津氏と為す。其の名を百枝と謂う。……、欽明天皇の御宇〈壬寅〉、酒守を兼ぬ。同年、欽明天皇より経巻仏像を給う。深く之を習学して他念なし。造る所の泥土の僧形、百枝始めて礼拝を致すに、無量の光明有り。此の時いよいよ仏法有ることを知る。同二十六年〈乙酉〉、聖徳太子、此の仏像を見て、怖畏を成す。香花灯明を備えて供養す。礼拝恭敬を致すこと数百返。文殊、弥勒、普賢三菩薩を定む。推古天皇十四年〈丙寅〉、三位三津氏百枝を以って大蔵卿と為す。聖徳太子の勝鬘経を講ずるに聴聞し、いよいよ堅固なる菩提心を発す。……

これによれば、最澄の父は、後漢の献帝の孫、高万貴王の子で、応神天皇の三十年、日本へ渡来したという。まったく事実とは考えられないことである。これは『叡山大師伝』の次のような記述の誤解によるもの、あるいは意図的な改変と考えられる。

先祖は後漢の孝献帝の苗裔登万貴王なり。軽嶋明宮御宇天皇の御世、遠く皇化を慕いて、同に聖朝に帰す。仍って其の誠款を矜んで、賜わるに近江国滋賀の地を以ってす。此れより已後、姓を改めて三津首を賜わるなり。

こちらでは、献帝のはるかな後裔である登万貴王が応神天皇の時代に日本へ帰化し、三津首の姓を得た。これが最澄の先祖に当たるというのであり、不自然さはない。

縁起の方は、あとも、最澄の父百枝が欽明天皇から経巻、仏像を与えられたこと、聖徳太子の『勝鬘経』の講説を聴聞したことなど、史実とはまったくかけ離れた荒誕な言説が続く。

尊敬と延暦寺

『叡岳要記』所引の佚文によって知られる『尊敬記』「三津首百枝縁起」ともに延暦寺と深い関わりを持つ作品である。加えて、先に述べた「延暦寺仁王会呪願文」「東塔法華三昧堂壁画賛」もまた同じである。出家して延暦寺に登った尊敬はその立場にふさわしい執筆活動を行っている。

慶滋保胤＝寂心

出家した文人(二)

文人官僚として

のちにやや詳しく見ることになるが、慶滋保胤(よししげのやすたね)の主要な著作の一つに『日本往生極楽記』がある。この書はいわゆる往生伝の最初に位置し、院政期以降、次々と出現する往生伝を導くものとなるが、その一つ、大江匡房(まさふさ)撰の『続本朝往生伝』には保胤の伝がある。つまり、保胤は自分自身が、自ら切り拓いた往生伝中の人となったわけであるが、保胤については、その『続本朝往生伝』(以下『続往生伝』)の保胤伝がまず拠るべき伝記資料である。これにもとづいて、保胤の伝をたどっていこう。

『続本朝往生伝』の保胤伝

慶保胤は賀茂忠行の第二子なり。累葉の陰陽の家より出ずといえども、独り大成を企つ。

陰陽家からの脱出

保胤は天文暦数のことを職掌とする賀茂氏の出身である。生年は明確ではないが、天元五年（九八二）に執筆された「池亭記」に、「予、行年漸く五旬に垂として、適小宅有り」と述べていることから推測すると、朱雀朝の承平三年（九三三）ころと考えられる。兄弟として、兄保憲、弟に保章、保遠があるが、保憲、保遠は家業を継承している。そうしたなかで、保胤は紀伝道に学び、学者となる道を選んだのである。

大学寮に学ぶ

才に富み文に工にして、当時の倫に絶れたり。菅三品に師事し、門弟の中に已に貫首たり。天暦の末に、内御書所に候せり。「秋風桂の枝に生ずの賦」の試に独り及科に預る。

大学寮に学ぶとともに、菅原氏の私塾に入門し、菅原文時に師事したが、その才学によって同門のなかで筆頭の地位を得た。内御書所は内裏の一隅に置かれ、御書の書写、校定編集などの作業に当たった。学生の身分でその所衆に選ばれたのである。

学生時代の保胤が才名を謳われたことについては、そのことを語る同時代人の証言がある。

一つは、『本朝文粋』巻九所収の大江以言の「暮春、員外藤納言の書閣に陪り、飛州刺史の任に赴くを餞す」詩序である。その冒頭に「天徳・応和の間、天下の士女の才子を語る者、多く高俊、茂能を云う」と述べられている。天徳・応和は村上朝の後半期に当たる。「高俊」は高丘相如を学生としての字で呼んだもので、いま餞別が行われている「飛州刺史」すなわち飛騨守がそれである。そうして彼と並称されている「茂能」が、同じく字で称されているが、保胤である。

また大江匡衡の「男能公の学問料を申す状」（『本朝文粋』巻六）には次のようにいう。

> 右、伏して故実を検するに、菅原、大江の両氏、文章院を建立し、東西の曹司を分別す。其の門徒と為りて、儒学を習い氏姓を著す者、済々として今に絶えず。斯れに因りて、此の両家の門業を伝うるに、才不才を論ぜず、年齢に拘わらず。菅原為紀、七代を以って挙に応ず。其の時、高岳相如、賀茂保胤なる者有り。才に富むといえども争わず。……、夫れ然れば則ち、累代の者は重んぜられ、起家の者は軽んぜらるること明らかなり。

これは大江匡衡が子の能公に学問料の支給を申請する奏状であるが、学問の世界における菅原、大江両家の伝統に支えられた絶対的な地位を述べ、次いでいう。両家の学問の継承のためには、子弟の才能の有無、年齢は無関係である。学問の家柄でない高丘氏の相如、賀茂氏の保胤は、優れた才能を持ってはいても、菅原氏の為紀と争うことはできないのだ。このような否定的な文脈のなかではあるが、先の以言の詩序と同じく高丘相如と並称されつつ、その卓越した才能が認められている。

学生時代の保胤の動静を知ることができるのは、いくつかの作文の場である。

応和三年（九六三）の三月十九日、三善道統の主宰する詩合が行われ、保胤も参加した。『善秀才宅詩合』がその時の詩巻であるが、先の高丘相如、弟の賀茂保章、また、翌年、ともに勧学会を興すことになる藤原在国、源為憲、文室如正ら一二人が参加している。保胤は左方の筆頭となり、右方の相如と番えている。

勧学会

翌康保元年（九六四）、勧学会が創始され、保胤も参加する。本書にとって、勧学会は大きなテーマであるので、のちに一章を立てて詳しく述べることとして、ここでは、保胤は勧学会にどのように関わっているのかということに限って、考えてみよう。ただし、勧学会についても、ある程度のことはふれておかなければならない。

保胤は家業である陰陽道から離脱して儒家としての道を選択し、大成を目指したのであるが、一方、若いころから仏道にも心を寄せていたという。『日本往生極楽記』の序に、「予、少き日より弥陀仏を念じ」と述べている。その浄土信仰への傾倒が具体的な行動となって現れた最初が勧学会への参加である。

近年、結衆（勧学会の参加者）であることが明確になった源為憲の『三宝絵』に行事の記述があるが、勧学会は、文章院の学生と延暦寺の僧侶とが結縁して一堂に会し、互いに仏法と詩文とを修学する場であった。三月と九月の十五日を例日として、比叡山の結界の西限に位置した西坂本の寺で行われた。

結衆は学生と僧侶おのおの二〇名であるが、保胤もその一員として草創時から参画していた。そのことは、保胤が執筆した、いずれも『本朝文粋』所収の、禅林寺で行われた勧学会の詩序、および勧学会専用の道場建立に関する牒と知識文のあることから、そう考えられていたが、近年そのことをより直接的に示す資料『勧学会記』の伝存が明らかになった。この『勧学会記』は会創始の康保元年の九月十五日、東山の親林寺で行われた会の記録で、賀茂保章すなわち保胤の弟が書いた詩序と三首の詩、そうして源為憲が記した記との三部からなるが、保胤は記のなかに茂能の字で登場し、その時行われた竪義の記録者となっている。この『勧学会記』によって、保胤が設立当初から勧学会に参画していたことが明白になった。

保胤にとっての勧学会

勧学会は、『三宝絵』の記述によると、「経を講じ仏を念ずる事を其の勤め」とした。またこれと併せて「詩を作りて仏をほめ、法をほめたてまつる」ことも行い、「法の道、文の道を互いに相勧め習はむ」とするものであった。つまり講経念仏という仏事と賦詩という文事を併せ行うという二面性を有していたのであるが、そのことが運動体としての勧学会に曖昧さをもたらすこととなる。

さて、保胤は勧学会にどのように関わっているのか。彼にとって勧学会はいかなる意味を持っていたのだろうか。

保胤は「暮秋勧学会、禅林寺に於いて法華経を講ずるを聴き、同に沙を聚めて仏塔と為すということを賦す」詩序（『本朝文粋』巻十）に次のようにいう。

　台山の禅侶二十口、翰林の書生二十人、共に仏事を作して、勧学会と曰う。

保胤においては、勧学会は「仏事」なりと明確に規定されている。その中心となるのは講経と念仏とである。

　一切衆生をして諸仏知見に入れしむるに、法華経より先なるはなし。故に起心合掌して、其の句偈を講ず。無量罪障を滅して、極楽世界に生まれしむるに、弥陀仏より勝れるはなし。故に口を開き声を揚(あ)げて、其の名号を唱う。

このように仏事の功徳を顕揚しつつ、また懸念をも書き記している。

此の会を知る者は謂(い)いて見仏聞法(けんぶつもんぼう)の張本と為さん。此の会を軽んずる者は、恐るらくは風月詩酒の楽遊と為さんことを。

この詩序が勧学会が始まってのち、どれ位経ってからの作かは明らかでないが、当時、保胤の周辺に、勧学会を風流詩酒の遊宴の場とする批判的な見方のあったことを物語っている。むしろ、こうした批判が予想されたからこそ、保胤は「仏事を作(な)して勧学会と曰う」と、仏事であることを強く主張しているというのがことの順序であろう。

また、賀茂保章も『勧学会記』所収の詩序において、

凡(およ)そ此の詩は、仏の為、法の為、勧学の為、結縁の為にして之(これ)を作り、風月の為にして作らず。

と明言している。

勧学会はあくまでも仏事の場であって、そこでの賦詩も仏法との結縁のためであり、決して風流韻事などではないとする保胤、保章兄弟の確固たる表明があるのであるが、しかしなお、それは同志の文人たちにあっても、共通理解とは必ずしもなっていなかったよう

である。

高階積善は「暮秋勧学会、法興院に於いて法華経を講ずるを聴き、同に世尊の大恩ということを賦す」詩序（『本朝麗藻』巻下）でこのようにいう。

　暮春暮秋の十五日、緇衣白衣の四十人、法花を講じて文藻を弄ぶ。名づけて勧学会と曰う。

序の冒頭であるが、冒頭に置くことも、また構文も先に引いた保胤の序と類似している。積善の念頭には保胤の詩序があったのではないかと思われるほどであるが、積善は勧学会を二元的に捉え、その一方を「文藻を弄ぶ」の語でいう。勧学会が仏事と文事の二面性を持っていることは、本来の性格であって、そのことをいうのは当然のことをいったに過ぎないが、しかし詩を賦すことを、しかもその詩は『法華経』にもとづく釈教詩なのであるが、その詠作を「文藻を弄ぶ」と捉える積善の認識は、保胤との間にかなりの隔たりを生じているといわざるをえない。

保胤の場合はむしろ文学的側面が捨象されているといってよいだろう。先の詩序では、仏事と規定し、それを講経と念仏という営為によっていう。ただこの場合は、勧学会を風流遊宴の場として軽視する風潮のあることを危惧しての、いわば肩肘張ったもの言いであるとも考えられるが、しかしまた勧学会のための知識文（『本朝文粋』巻十三）でも、「我等適に此の堂を起て、永く此の会を修し、世々生々、阿弥陀仏を見、在々処々、法華経を聴かん」と述べていて、文事についてはまったく言及していない。保胤にとっては、勧学会はあくまでも仏道研学のための仏事であったのである。

このように、保胤は勧学会を単なる詩酒韻事の会などではなく、より純粋な宗教運動体としようとしたが、それを支えたのは若いころからの浄土思想への傾倒であっただろう。

保胤は以後も熱心に勧学会に関わっていく。そのことを語るのは、一つに『本朝文粋』所収の「勧学会所、日州刺史橘倚平に贈る牒」（巻十二）と「勧学会所、堂舎を建立せんと欲う状」（巻十三）の二編の文章である。勧学会創始後一一年目の天延二年（九七四）に、それまで勧学会専用の堂舎がないままであった不便を解消するため、土地が寄進されたのをきっかけに、これを建立しようという気運が起こってきた。二編の文章はそのための援助を勧学会の出身者および現在の結衆に呼びかけたものであるが、ともに保胤が起草している。この運動の推進者となっていたと考えられる。

釈教詩

もう一つは勧学会で詠まれたと考えられる釈教詩の存在である。

勧学会で詠作される詩は経句題の詩である。『三宝絵』に「十五日の朝には法花経を講じ、夕には弥陀仏を念じて、その後には、暁に至るまで詩を作りて仏をほめ、法をほめたてまつりて」とあるが、講釈された『法華経』のその品のなかから選ばれた句偈を題として賦詩が行われる。

このようにして詠作された『法華経』の文句を句題とする、保胤の次のような佚句が残されている。『無名仏教摘句抄』（九七ページ参照）に「摂念山林」の題の一聯が引かれているが、これは句題の一致から、紀斉名が「暮春勧学会、法華経を講ずるを聴き、同に念いを山林に摂むということを賦す」詩序（『本朝文粋』巻十）を執筆した、その勧学会での詠作であることが明らかとなる。『和漢朗詠集』巻下、仏事に二聯。『和漢朗詠集私注』に「採菓汲水詩」という注記があるが、「提婆達多品」中の一句を題とするものである。『新撰朗詠集』巻下、仏事に一聯。「寂寞無人声」の句題注があるが、これは「法師品」に出る。『擲金抄』（七六ページ参照）巻中に三聯。それぞれに「日月灯明仏」、「止宿草庵」、「念々勿生疑」の句題注があるが、これらは「序品」、「信解品」、「陀羅尼品」中の句偈である。

家業の陰陽道をあえて捨てて、紀伝道を進むことを選び取る一方で、また若いころから、阿弥陀信仰にも帰依していたという保胤にとって、勧学会は作文と信仰の合一の場として大きな意義をもつものであり、格別の思い入れがあったであろう。

尚歯会への参加

安和二年（九六九）三月十三日、大納言藤原在衡が粟田の山荘に尚歯会を催したが（六三ページ参照）、保胤はこれに陪席した。保胤の師、菅原文時はこの時七十二歳で、七叟の一人として参加し、詩会の序者も勤めているが、保胤はその門下生ということで陪席の文人となり詩を賦している。このとき、なお学生である。

改姓

保胤は賀茂氏の一員として、当初は当然のことながら賀茂氏を名乗っていた。先の『粟田左府尚歯会詩』にも「学生賀茂保胤」とある。しかしのちには慶滋氏を称している。途中で改姓したわけであるが、それは『外記補任』の弟保章についての記事によって、天延二年（九七四）から三年の間においてであったと考えられる。保章は天禄三年（九七二）から天延三年までの間、外記の職にあり、『外記補任』に名が記載されている。天延二年までは賀茂であるが、天延三年条には慶滋朝臣とある。尻付に記事はないが、この間に改姓したものと思われ、おそらく保胤も同時であったであろう。

青雲の志

芸閣の労に依りて、内官に任ずべかりしに、大業の思い有るに依りて、申して近江掾に任じたり。

芸閣は内御書所である。保胤は内御書所勤務の功労によって、在京の官に就く資格を得たが、対策及第の大志を抱いていたので、そのための方途として、自ら望んで近江掾となった。

対策を遂げるためには文章得業生となるのが本来の進路であったが、当時はすでに先の大江匡衡の奏状がその端的な一例であるように、文章得業生となる道は累代の儒家によって独占されていて、家門という背景を持たず、自分の力だけで及第を目指そうとする学生には、文章生として諸国の掾に任じ、その任期を終えてのち、宣旨を得て対策する道がわずかに残されていた。保胤はこの道を選んだのである。

保胤は出家してのちの寛和二年（九八六）七月二十日に執筆した「菅丞相の廟に賽しする願文」（『本朝文粋』巻十三）に、次のように述懐している。

往年栄分の為、声名の為に、廟社に祈り、仏法に祈ること日有り。其の大成を遂げて、微官に従さる。

「文道の祖」と尊崇された菅原道真の廟前に地位と名声とを祈願したことのあったことを告白している。また、「暮春六波羅蜜寺の供花会に於いて、法華経を講ずるを聴き、一たび南無仏と称すということを賦す」詩序（『本朝文粋』巻十）にも、「少壮の年、憖に一事一物を詠じて、強いて名聞を求め」ともいう。これらは『続往生伝』の「大業の思い有るに依りて」と照応し、少壮のころの保胤に、立身と名声に対する熱烈な思いがあったことがうかがわれる。

遂に方略の試を奉れり。青衫の時に、早に任ぜられて著作を拝し、緋袍の後も、その官を改めず。

先に述べたような経路をたどって対策及第し、六位に叙せられ、少内記となり、五位に昇ったのちも大内記として内記の職にあった。それぞれの年時が明確ではないが、円融朝から花山朝にかけて、天元・永観年間（九七八〜九八四）のことである。

在俗時の作品

　保胤は内記に在職していた時期に、三つの大きな作品を成しているが、そのいずれもが仏教と深い関わりを持っている。

「池亭記」

　「池亭記（ちていき）」（『本朝文粋』巻十二）は保胤の代表作と目される作品である。〈記〉という文章の例として、末尾に「天元五載孟冬十月」と制作年時が明記されている。保胤は五十歳になろうとするこの年になって、ようやく一軒の家宅を手に入れることができた。そのことを執筆の端緒とする。このとき、保胤は六位で少内記の位官にあったが、在俗の官僚という立場の保胤において、仏教はどのような位置を占めていたのか。

「池亭記」は前半の都京論と後半の閑居論に分かれ、さらにそれぞれが三段落から成るという構成を持つ。

前半部には、二十余年にわたって保胤が目にしてきた平安京の推移が述べられる。西京の衰微荒廃と、これと対照的な東京北部の繁昌過密、また東北郊外への膨張と。そうして、かく変容を続ける都京における貴賤それぞれの生活ぶりが叙述されている。

後半には、ようやくにして六条の北の地に得た小宅の叙述を通して、保胤の住居論が展開される。まず白居易の「草堂記」（『白氏文集』巻二十六）および「池上篇幷びに序」（同巻六十）の表現を模倣しながら、池亭の結構と景観が述べられるが、ここに「池の西に小堂を置きて弥陀(みだ)を安ず」の記述がある。池亭には阿弥陀堂が建てられていた。

池亭での生活

次いで、その池亭での自らの生活態度を述べた部分がある。「池亭記」の中心をなす部分であるが、ここに当時の保胤にとっての仏教信仰についての言及がなされている。

予、行年漸(ようや)く五旬に垂(なんなん)として適(たまたま)小宅有り。蝸(かたつぶり)はその舎(いえ)に安んじ、虱(しらみ)はその縫(ぬいめ)に楽しむ。鷃(かやぐき)は小枝に住みて、鄧林(とうりん)の大きなるを望まず、蛙(かえる)は曲井に在りて、滄海の寛(ひろ)きことを知らず。家主、職は柱下に在りといえども、心は山中に住むが如し。官爵は運命に任す、天の工均し。寿夭は乾坤に付く、丘の禱ること久し。人の風鵬たるを楽わず、人の霧豹たるを楽わず。膝を屈し腰を折りて、媚を王侯将相に求めんことを要わず、また言を避り色を避りて、蹤を深山幽谷に刊まんことを要わず。

まず最初、蝸、虱、鶡、蛙の例は、それらが小さな住みかに安住するように、私も小宅に満足しているという。その小宅での保胤の姿勢を端的に示すものは「職は柱下に在りといえども、心は山中に住むが如し」の一文である。「柱下」は内記の唐名。身体は官人としての立場に拘束されているが、その現実はそのまま受け入れつつ、心は何物にも束縛されることなく自由であろうとする。世俗的な地位も寿命も運命任せ、出世を求めるのでもなく、かといって隠遁してしまおうとの思いもない。

仏教信仰

朝に在りては身暫く王事に随い、家に在りては心永く仏那に帰す。予出でては青草の袍有り、位卑しといえども職なお貴し、入りては白紵の被有り、春よりも暄く雪よりも潔し。盥漱の初め、西堂に参り、弥陀を念じ、法華を読む。飯飡の後、東閣に入り、書巻を開き、古賢に逢う。それ漢の文皇帝は異代の主たり、倹約を好みて人民を安んずるを以ってなり。唐の白楽天は異代の師たり、詩句に長じて仏法に帰するを以ってなり。晋朝の七賢は異代の友たり、身は朝に在りて志は隠に在るを以ってなり。予、賢主に遇い、賢師に遇い、賢友に遇う。一日に三遇有り、一生三楽を為す。

官人として身を処しつつも、自由であろうとする心、その精神生活の核として選び取られたのが仏教信仰である。そのことをいうのが「朝に在りては身暫く王事に随い、家に在りては心永く仏那に帰す」である。その私(わたくし)の世界における信仰生活は、具体的には、池の西に建てられた小堂に入って阿弥陀仏を念じ、『法華経』を読むということであったが、この「弥陀を念じ、法華を読む」というかたちでの実践は、そのまま勧学会における行動様式である。それが池亭における信仰生活に取り込まれている。

この仏教信仰とともに、池亭における閑居では、心の平安を得る方法として、読書もまた重要な役割を果たしていた。古賢との出会いがそこでは可能だったからである。保胤はそこで漢の文帝に、また白居易に、あるいはいわゆる竹林の七賢にめぐり会うのであるが、注目されるのは、白居易が時間と空間を越えて保胤にとって師たりえたのは、彼が詩句に長じていたことと並んで、仏法に帰依したからであるとされている点である。このような詩句と仏法との並立のもとに捉えられる白居易像については、ほかならぬ白居易自身が、その自叙伝「酔吟(すいぎん)先生墓誌銘序(ぼしめいじょ)」（『白氏文集』馬元調(ばげんちょう)本巻七十一）に、「外は儒行を以って其の身を修め、中（うち）は釈教を以って其の心を治む。かたがた山水風月歌詞琴酒を以って其の志を楽しましむ」と自らの生き方を総括して述べているのであるが、「池亭記」に捉えられた白居易は、たとえば現実社会に対する批判の文学たる諷喩（ふうゆ）詩の作者として立ち現れたりはしていないのである。これもまた、池亭における保胤の生活にあって、仏教信仰が大きな比重を占めていたことを物語るものであろう。

池亭での閑居においては、身と心、公と私との住み分けがなされ、調和が図られていて、仏教信仰が精神生活の核となってはいたが、それ以上のものではなかった。保胤を出家へ駆り立てるなどの意味をもつにはいたっていない。信仰は池亭に閑居する保胤の心の内に限定されたものであった。

律令官人として

それはやはり保胤は基本的には儒教倫理を規範とする官人であったからにほかならない。そのことが「池亭記」の結びに示されている。次のようにいう。

ああ、聖賢の家を造る、民を費さず、鬼（き）を労せず。仁義を以って棟梁と為し、礼法を以って柱礎と為し、道徳を以って門戸と為し、慈愛を以って垣墻（えんしょう）と為し、好倹を以って家事と為し、積善を以って家資と為す。その中に居（お）る者は、火も焼くこと能（あた）わず、風も倒すこと能わず、妖も呈（あらわ）るることを得ず、災も来ることを得ず、鬼神も窺（うかが）うべからず、盗賊も犯すべからず。その家自（おの）ずから富み、その主これ寿（いのちなが）し。官位永く保ち、子孫相承く。慎まざるべけんや。

聖賢の家屋はかくのごときものであるとして、家の各部分に仁義以下の徳目を当てはめていく。「聖賢」の語といい、また「仁義、礼法、……」と列挙される徳目もすべて儒教的倫理観にもとづくものである。こうした徳目によって構築された家は、いかなる災厄からも保護され、平安を保つことができるのみならず、子孫にも相及ぶ繁栄が約束されることになるという。これはすでに住居論ではない。これを逸脱して処生論となっている。「池亭記」はこのような儒教倫理の列挙、そうしてその順守を勧める言辞で結ばれているが、ここに、「池亭記」執筆時の保胤の基本的姿勢が示されているといえよう。

十六想観画讃

話が飛躍するが、『往生要集（おうじょうようしゅう）』（九八五年成立）を編述した源信（げんしん）は、そののち、九州を遍歴する旅の途中、一人の宋人（そうひと）と出会い、自著が中国へも流布することを願ってその人に贈った。現行の『往生要集』にそのときの源信の書状が付載されているが、次のようなことが書かれている。

また先師故慈恵（じえ）大僧正〈諱（いみな）良源〉、観音讃を作り、著作郎（ちょさくろう）慶保胤、十六相讃及び日本往生伝を作り、前進士為憲、法華経賦を作れり。同(とも)にまた贈りて、異域の此の志有るものに知らしめんと欲す。

源信は『往生要集』だけではなく、併せて先師良源の「観音讃」、保胤の「十六相讃」および「日本往生伝」、源為憲(ためのり)の「法華経賦」も宋人に贈ったという。日本人の著作が中国へ伝えられた一例であるが、保胤の二つの作品が含まれている。「日本往生伝」は次に見る『日本往生極楽記』であるが、もう一つの「十六相讃」とはいったいどういうものなのだろうか。

この書はすでに散佚(さんいつ)したものと考えられていたが、一九五〇年、佐藤哲英氏によって、大津市坂本の叡山文庫真如蔵(しんにょぞう)の聖教(しょうぎょう)のなかから発見された。現存していたのである。表題には「西方極楽世界十六想観画讃」とある。これが正式の作品名であろう。作者表記は「朝散大夫行大著作郎慶保胤文(ちょうさんだいふぎょうだいちょさくろうけいほういんぶん)」。「大著作郎」は大内記の唐名であるから、在俗中、大内記時代の作ということになる。

十六想観とは

十六想観というのは、『観無量寿経(かんむりょうじゅきょう)』に説く、西方極楽浄土に往生するための修行である一六種の観法である。古代インド、マガダ国の頻婆娑羅(びんばしゃら)王の子、阿闍世(あじゃせ)太子の悪逆非道を悲しんだ母后韋提希夫人(いだいけぶにん)は、救いを求めて極楽世界の阿弥陀のもとに生まれることを願うのであるが、その極楽に往生するための手段としての浄土観想の方法である。十六観は次のとおりである。

日想観、水想観、地想観、宝樹観、宝池観、惣想観、花座観、三尊観、仏色身観、観世音観、得大勢観、普想観、雑想観、上品三生観、中品三生観、下品三生観。これに心観が加わっている。

それぞれを七言四句（仏色身観のみ八句）に詠んでいる。

最初の「日想観画讃」を読んでみよう。

正坐して西に向かいて日の没るを想う。

日想観画讃

状は鼓を懸けたる如くにして夕陽残れり
目を開きても目を閉じても須らく明了にすべし
此れは是れ十六の第一観なり

この讃の表現は『観無量寿経』の経文の措辞を多く利用している。次の傍線部がそうである。

凡そ想を作すとは、一切衆生の生まれながらの盲に非ざるよりは、有目の徒、皆日の没るを見る。当に想念を起こし、正坐して西に向かいて、諦らかに日を観ずべし。心を堅住ならしめ、想を専らにして移さず、日の没らんと欲て、状、懸けたる鼓の如くなるを見よ。既に日を見已わらば、目を閉じても目を開きても、皆明了ならしめよ。是れを日想と為し、名づけて初観と曰う。

もう一例「雑想観画讃」をあげてみよう。

雑想観画讃　観ずべし水上の丈六の像
無量の福報得ざることなし
また観音と大勢至有り
弥陀の化度の力を助成す

これもまた、経文の措辞を借りて句を成している。

若し至心に西方に生まれんと欲う者は、先ず当に一丈六の像の池水の上に在すを観るべし。……、ただ仏の像を想わば、無量の福を得ん。何ぞ況んや仏の具足せる身相を観るをや。阿弥陀仏は神通如意にして、十方の国に於いて、変現自在なり。……、観世音菩薩及び大勢至は一切処に於いて身同じ。衆生はただ首相を観て、これ観世音と知り、これ大勢至と知る。此の二菩薩は阿弥陀仏を助けて、普く一切を化す。是れを雑えて想う観と為し、第十三観と名づく。

このように保胤の画讃は経文から直接措辞を抄出して綴り合わせるという傾向が目につくのである。

「奉讃浄土十六観詩」

『観無量寿経』の十六想観にもとづくこの画讃の先蹤はすでに早く奈良時代にある。聖武天皇の宸筆として知られる『雑集』所収の「奉讃浄土十六観詩」である。ただし収録されているのは一三首である。

宝池観、宝樹観、宝楼観、惣観、像観、法身観、花座観、観音観、勢至観、惣二菩薩観、上品観、中品観、下品観。

保胤の画讃とは観名も順序も相違するところがあり、そもそもこれは五言八句の詩であって、直接的な関連はもちろんないが、十六想観を主題とした韻文という基本的性格においては共通するものである。したがって、保胤の画讃の先駆として、また日本における十六想観受容の早い例として注目されるものである。

極楽浄土図

保胤の作は画讃である。したがって『観無量寿経』を所依とした阿弥陀浄土図が存在していたはずである。現存する浄土図としてすぐに思い出されるものに、奈良県、当麻寺の当麻曼陀羅がある。これを見ると、中央に極楽浄土世界が描かれ、向かって右辺に、日想観から雑想観にいたる一三図を上から下へ順に配置する。

また上中下三品観は下辺に九品来迎図として描かれている。たとえばこのような構図の浄土図が制作されていて、保胤はその一つ一つの画面についての讃として、この画讃を作ったわけである。

保胤の讃のもととなった極楽浄土図が何であったかは不明であるが、保胤は『日本往生極楽記』の序文に、若いころからの阿弥陀信仰が壮年以降ますます強くなっていったことを述べるなかで、「堂舎塔廟に弥陀の像有り、浄土の図有るをば敬礼せざることなし」と、極楽浄土図を見たことを明記している。

『日本往生極楽記』　序文に「朝散大夫行著作郎慶保胤撰」という、先の「十六想観画讃」とほとんど同じ作者表記があり、やはり大内記在官時の編著であるが、後続の『続本朝往生伝』の序に、「寛和年中、著作郎慶保胤、往生記を作りて世に伝う」とあり、また寛和元年（九八五）四月に撰集を終えたという『往生要集』に本書の書名が見えることから、寛和元年の成立ということになる。

この書の編纂の意図は序文に述べられている。

叙して曰わく、予少き日より弥陀仏を念じ、行年四十より以降、その志いよいよ劇し。口に名号を唱え、心に相好を観ぜり。

そもそも若いころからの浄土信仰が下地としてあったが、年を経るとともに深まっていった。

それ堂舎塔廟に弥陀の像有り、浄土の図有るをば敬礼せざることなし。道俗男女の、極楽に志有り、往生を願うこと有る者には結縁せざることなし。経論疏記に、その功徳を説き、その因縁を述ぶるを披閲せざることなし。大唐の弘法寺の釈迦才、浄土論を撰せり。その中に往生せる者を載すること二十人なり。迦才曰わく、「上には経論二教を引きて、往生を証せり。実に良き験とす。ただし衆生は智浅くして、聖旨に達せず。もし現に往生の者を記さずは、その心を勧進することを得じ」と。誠なるかな、斯の言。

保胤に往生伝編纂を決意させた直接の動機は、唐の迦才の、『浄土論』における、実際に往生を遂げた人の話を示してやらなければ、ごく普通の民衆の心を導くことはできない、という発言であった。

この『浄土論』および『瑞応伝』（『往生西方浄土瑞応刪伝』）という中国の書物に倣って、現実に往生を果たした者の例を示すことによって、人びとに極楽往生を勧めるために、日本における往生者の伝をまとめようと意図したのが『日本往生極楽記』である。

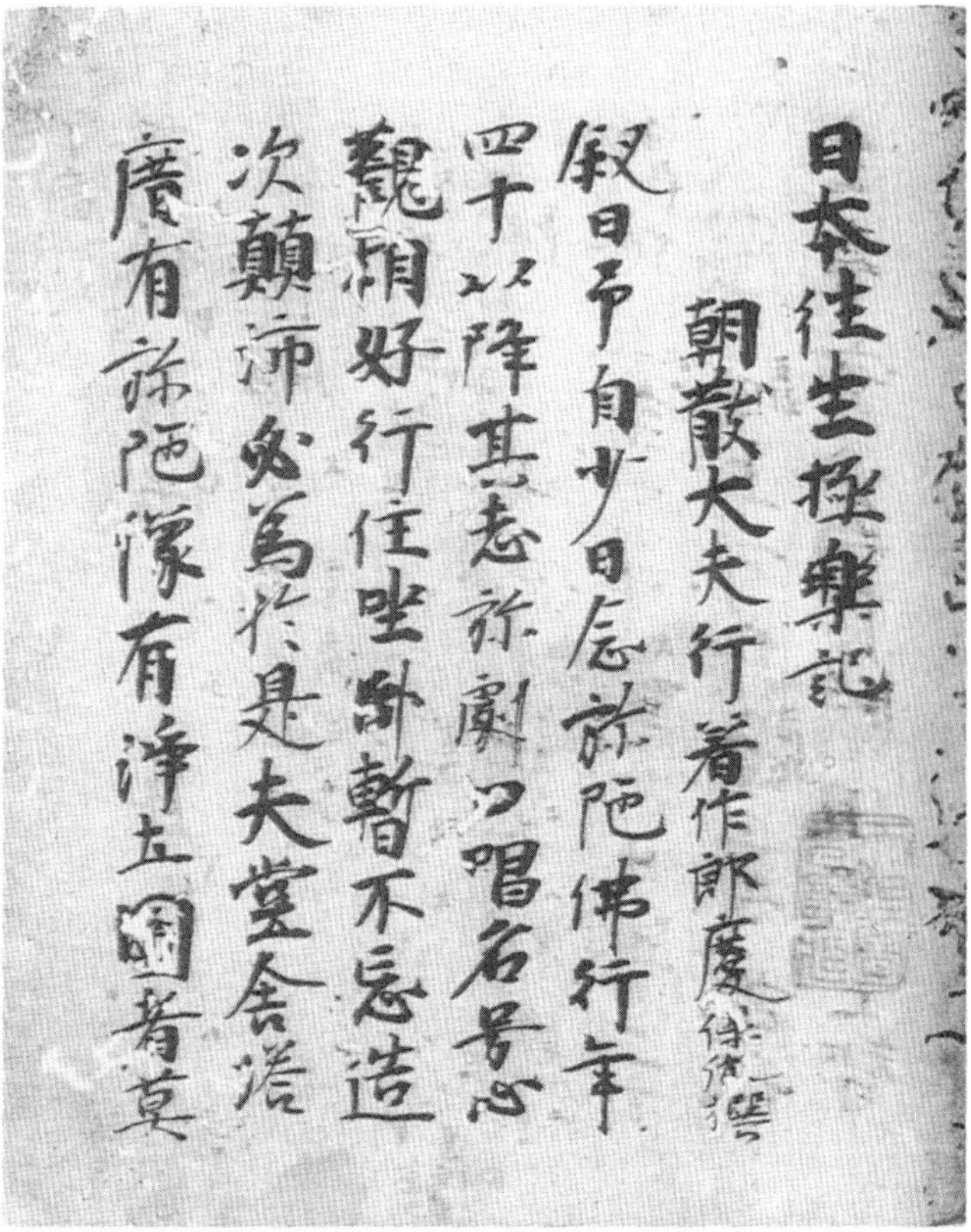

日本往生極樂記
朝散大夫行著作郎慶保胤撰
叙曰予自少日念弥陀佛行年
四十以降其志弥劇口唱名号心
觀相好行住坐臥暫不忘造
次顛沛必於是夫堂舎塔
廟有弥陀像有浄土圖者莫

図 8　『日本往生極楽記』（天理図書館蔵）
保胤の序文

序は続けて、国史あるいは人びとの別伝から、また古老に尋ねて「四十余人」の伝を集めたという。今見る『往生極楽記』は四二名の伝を収めていて、序の記述とよく対応しているかに思われる。しかし、現在の伝は成立当初のものではなく、のちに手が加えられたものなのであるが、それは出家後の保胤の執筆活動に関わってくることであり、そこで述べることにしよう。

『日本往生極楽記』はわが国最初の往生伝として、一つの伝統を形成させることとなり、院政期にいたると、大江匡房（まさふさ）の『続本朝往生伝』、三善為康（みよしのためやす）の『拾遺往生伝』と『後拾遺往生伝』、蓮禅（れんぜん）の『三外（さんげ）往生記』、藤原宗友（むねとも）の『本朝新修往生伝』等を続出させることになる。

出　家

花山朝の文人官僚

浄土信仰を精神生活の中心に置きながらも、なお儒教倫理にまとわれた官人意識を保持しているというのが、「池亭記」に看取される保胤の基本姿勢であるといえるが、以後の花山朝における保胤の動静もその延長線上にあるといってよいだろう。

保胤が「池亭記」を書いた天元五年（九八二）の翌々年の永観二年（九八四）に花山朝が始まるが、保胤はそこで文人官僚として積極的な活躍を見せている。

花山朝は、太政大臣の藤原頼忠（よりただ）や右大臣藤原兼家（かねいえ）といった実力者たちは非協力の姿勢を取り、外戚で中納言の藤原義懐（よしちか）とわずか五位にしか過ぎない藤原惟成（これしげ）らが朝政を執らざるを得ないという不安定な政権であった。しかし、これと表裏をなして、中心勢力の若さと相まって、先の円融朝の腐敗した政治の刷新を目指し、律令精神への復帰を正面切って打ち出した、はなはだ理想主義的な雰囲気があった。

こうした花山朝政のもとで、保胤は次のような文章の制作に当たっている。永観二年十二月十五日、花山天皇の外祖母恵子女王に封戸年官年爵を贈る勅を作る（『本朝文粋』巻二）。同十二月二十八日、諸臣に意見封事を奉らせる詔を作る（同巻二）。翌寛和元年（九八五）六月十七日、花山天皇の同母姉で円融女御尊子内親王の四十九日の願文を作る（同巻十四）。同閏八月二日、花山天皇の鍾愛（しょうあい）の女御、大納言藤原為光（ためみつ）の娘忯子（きし）の四十九日の願文を作る（同巻十四）。

これらは基本的には大内記としての職務による文章制作であるが、恵子、尊子、忯子いずれも花山天皇と極めて近い関係にある人物であり、保胤の花山朝廷との密接な関係をうかがわせるものである。ことに意見封事を求める詔の執筆は、保胤にとって、とりわけ有意義な行為と認識されたのではなかろうか。意見封事そのものは政治的実効性は極めて薄く、ほとんど形式的手続きに過ぎないというのが実際であったが、しかしなお、律令制政治理念遂行の象徴的意味を持ったからである。

ところが、この保胤が草した詔が重臣側からの攻撃を誘引することとなった。『小右記』寛和元年正月五日条に、頼忠が詔の文中に「不快之事」があると抗議し、削除を要求する事件があったことが記されている。この一件は少壮貴族らに主導される花山朝政に対する重臣実力者の反撃の第一弾であって、以後、政局は急速に暗転する。

保胤が出家したのは寛和二年（九八六）四月二十二日のことである（『日本紀略』）。それから二ヵ月後の六月二十三日、花山天皇は突然に出家退位し、花山朝は短命のうちに瓦壊する。

出家の要因

保胤を出家に踏み切らせた要因については、いくつかの説が提出されているが、「池亭記」における彼の表明、これと相照応する花山朝政下の動静とたどったのちに考えると、その最も大きな理由は、現実の前に理想が潰えた花山朝政の挫折であったと考えられる。家業を捨てて大成を目指した保胤にとって、政治の場で文人官僚として活躍することは自らのあるべき姿であったはずである。これが保胤の人生における一方の柱である。もう一つは仏教信仰である。一方の柱が壊れたとき、相対的に一方が決定的な重みを持つことになる。それが保胤の出家だったのであろう。

出家して寂心と号する。

断筆

出家の直後、七月二十日、寂心は菅原道真を祭る北野天神に「菅丞相の廟に賽する願文」（『本朝文粋』巻十三）を献り、次のように述べている。私は昔、栄達名声を神仏に祈願したことがあった。そのかいあって対策を遂げ、ささやかなものながら官職も得た。続いていう、

其の一の願に曰わく、天満天神の廟に就いて、文士を会して詩篇を献ぜんと。其の天神は文道の祖、詩境の主為るを以ってなり。

その祈願の一として、もし祈願が成就したならば、北野聖廟に文人を会し、詩篇を奉献しようと誓った。

某暮年出家して、一旦道を求む。今、老沙弥、風月の賽を営むに便りなし、此の一乗教、香花の筵を展ぶるに心有り。ああ、花言綺語の遊、何ぞ神道に益有らん、希有難解の法、其の仏身を期すべし。此の時に当たりてや、一神慶び有れば、衆生之に頼る。功徳無辺、普く一切に及ばん。敬いて曰す。

しかし出家して老沙弥となった今は、作文の会を催して報いまつるにも由なく、むしろ『法華経』の講筵をこそ霊前に開きたいと思う。

報恩の詩宴にかわって講経の法会を行うことを道真の霊前に報告する願文であるが、こ

こに至って、詩の詠作は「花言綺語」としてはっきりと否定されている。「花言」とは言葉を華やかに飾り立てることで、いわゆる狂言綺語である。

仏教の教理においては、文学は偽りの虚飾の言辞を弄する行為であって、十悪の一つである「綺語」「妄語(もうご)」の戒を犯すものとみなされる。保胤が「勧学院仏名廻文(かんがくいんぶつみょうかいぶん)」(『本朝文粋』巻十三)で、「春苑に硯(すずり)を鳴らし、花を以て雪と称し、秋籬(しゅうり)に筆を染め、菊を仮(か)りて金と号す。妄語の咎(とが)逃れ難し、綺語の過ち何ぞ避けんや」と述べているのは、まさにそうした考えに出る。花を雪といい、菊を黄金という、いわゆる見立てであるが、それが妄語戒を犯すことになるのである。

勧学会における賦詩も狂言綺語と見なされた。先に述べたように、勧学会で詠まれる詩は「仏をほめ、法をほめたてまつる」釈教詩であったが、それもまた綺語と称されている。紀斉名(きのただな)の「暮春勧学会、法華経を講ずるを聴き同(とも)に念(おも)いを山林に摂(おさ)むということを賦す」詩序(『本朝文粋』巻十)に、勧学会の行事を述べて、「先ず経を講じて後に詩を言い、信心を内にして綺語を外にす」という。これは詩すなわち綺語という図式である。同様のことは源為憲の「勧学会記」にも記されている。

我が党の或るひと、涙を拭いて曰わく、「得難き人身を得、遭(あ)い難き善根に遭う。縦(たと)

い綺語の罪を犯すとも、請う随喜の詩を作らむ。……」と。

このように勧学会において詠作される釈教詩もまた狂言綺語の例外ではありえなかった。しかしまた、綺語と意識しつつも、保胤が在俗時に参加した勧学会においては、釈教詩の詠作が行われたのであった。もし同じ意識で捉えるなら、今、寂心が北野聖廟に開こうというのも同じく『法華経』講釈の場である。釈教詩の詠作ならあってもよかったであろう。しかし、今はそれすらも否定する。出家を契機として大きな心境の変化があったのである。

寂心はまた別の場でも、出家してのちの断筆のことを述べている。それは先に留保した『日本往生極楽記』の増補のことに関わる。現在の『極楽記』は第一は聖徳太子伝、次いで行基伝となっているが、この二伝は当初からあったものではなかった。そのことが行基伝のあとに寂心の自注として付記されているが、そこにいう、

仏子寂心、在俗の時、此の記及び序等を草して、既に巻軸を成し了（おわ）んぬ。出家の後、念仏に暇（いとま）なくして、已（すで）に翰（ふで）を染むることを絶つ。

出家してのちは、念仏に専念して筆を執ることを絶ったという。先の願文の言辞と照応して、仏子としての現在の自分に忠実に生きようとする寂心の姿勢を物語っている。

そうして、このような生き方は、前章で見た橘在列（たちばなのありつら）すなわち尊敬（そんきょう）が、「五酔を除却

し、四魔を降伏す。それなお降らざる者は、独り詩魔のみ」（「沙門敬公集序」）として、出家後もなお詩文の制作をやめなかった姿勢とははっきりとした対照を示している。

ただし寂心は『日本往生極楽記』については筆を断ってそのままにしていたわけではない。先の自注は次のように続いている。

『日本往生極楽記』の増補

> 出家後、往生者五、六人のことを知ったので、具平親王に依嘱して『往生極楽記』に収録することとし、親王も承諾して筆を執り始めたが、聖徳太子、行基の伝も載せるべきだという夢想を得た。ところが親王は病気に罹って作業を続けられなくなったので、私自身で国史や別伝から二人の事跡を抄出して二伝を立てた。

つまり、今われわれが見る『日本往生極楽記』は出家後の寂心による補筆をも含んでいるものなのである。

保胤と具平親王

寂心が『日本往生極楽記』の増補を当初、具平親王に依嘱したのには十分な理由があった。具平親王は村上天皇の皇子で、叔父に当たる兼明親王と並び称される平安朝を代表する皇親詩人であるが、その親王に「心公に贈る。古調詩」（『本朝麗藻』巻下）と題する詩がある。「心公」はすなわち寂心であるが、この呼称によって、この詩は保胤の出家後の作ということになる。長編の詩なので、部分的な引

用になるが、冒頭に、

　少（わか）き日より君が業を受け
　年長（た）けて君が恩を識（し）りぬ
　我が才の拙きを嫌わず
　頻（しき）りに師訓の惇（あつ）きを垂る

という。保胤は親王の学問の師であった。また、親王自身も仏道に心を寄せていたことを詠じて、

　生々に妙法を持し
　菩提を攀援せんと欲す
〈余は生々に法花経を誦持し、衆生を教化せんとの願い有り〉
　常に君が前後に随うこと
　宛（あたか）も弟と昆（あに）の如し
　願わくは共に極楽に生まれん
〈公は俗に在りし日、常に念仏す。言談の隙（ひま）には眼を合わせて仏号を唱う。余も同じく往生の願い有りと云う〉

願わくは共に慈尊に謁えん
〈公は天台の源公と与に慈尊に値遇する業を修む。予もたまたま之に預かる〉

という。

ことに注目されるのは、第五句、極楽往生の願いを懐いていたことを明言していることである。なお、「天台の源公」とは源信である。

このように寂心と具平親王とは師弟関係にあっただけでなく、往生極楽を希求するという姿勢においてもまた共通するものがあった。当初自ら筆は執るまいと期した寂心にとって、往生伝に手を加えるについては、具平親王は最もふさわしい人物であったわけである。

性空

書写山上人伝

性空の伝記として最も早く作られたものは『朝野群載』巻二所収の「書写山上人伝」（以下「伝」と略称）であるが、その作者については二つの説があり、なお結着はついていないようである。まずこのことから考えていこう。

「書写山上人伝」の作者

『朝野群載』には「花山法皇」という作者表記がある。作者が明記されているのであるから問題はないように思われる。そこで和田英松『皇室御撰之研究』、『群書解題』などは花山天皇の作としている。

しかし、「伝」を読んでみると、花山の作とすれば不自然な記述があるのである。「伝」

の終りにはこうある。

> 花山太上法皇、去る寛和二年、微行して上人に見え、結縁し畢んぬ。爾来十七箇年、長保四年三月六日、重ねて結縁す。密かに仙駕を命じ、上人の行状を問いて之を記す。

末尾の一文から花山法皇作という理解が出てきたのだろうが、「花山太上法皇」で始まるこの引用部分は他人の筆致というべきであろう。

もう一つの説は具平親王の撰とするもので、近世に編纂された『本朝文集』『天台霞標』がこの立場であるが、これは藤原行成の日記『権記』の次の記事にもとづいてのことと考えられる。先の「伝」に花山法皇が性空との二度目の結縁のために書写山御幸を行ったという、長保四年（一〇〇二）三月からおよそ五ヵ月後の八月十八日の条である。

> 花山院より召有りて参入す。勅有りて曰わく、「書写の聖の形像、広貴をして図かしむ。近曾中書大王に示し、聊か事の旨を記さしむ。之を書くべし」てえり。仰せを奉わりて退出す。

巨勢広貴が描いた性空の画像があり、その「事の旨」を具平親王が執筆したので、清書を行成に命じているのである。

これをどう解釈するかということになるが、史料としての確かさという点ではいうまでもなく『権記』である。そこで、これを基本として、性空の弟子延照が記した『延照記』に付された注記に「中務卿親王、行状を記す〈上皇勅して扈従の者に記さしめ、還御の後、親王取捨するなり〉。参議右大弁行成卿、其の文を書く。並びに上皇の勅命に応うるなり」とあること、また大津市の叡山文庫真如蔵の『唱道鈔』にこの「伝」を「図像記〈具平親王記　参議行成筆〉」として収録していることを考え合わせると、草稿に具平親王による加筆がなされたものとするのが妥当だろう。とすれば、はじめに引用したような記述があるのも納得がいく。

「書写山上人伝」にもとづいて性空の生涯をたどるにあたって、もう一つ明確にしておくべきことがある。それは性空の没年齢のことである。

性空の没年

これについては、早く九十八歳説（『性空上人伝記遺続集』）、また八十歳説（『元亨釈書』）があったが、近年、平林盛得氏は、寛和二年（九八六）十一月四日付の、円教寺を花山院の御願寺とすることを請う性空の奏状に、「春秋七十、競いて菩提を思う」と述べていることを指摘して、寛弘四年（一〇〇七）、九十一歳で没したとみるべきことを指摘した（「花山法皇と性空上人」『聖と説話の史的研究』吉川弘文館、一九八一年）。奏状という資料の性格からいって、これに従うべきである。

これを踏まえて、「伝」の記述に従って、性空の前半生のおおよそをたどってみよう。

性空略伝

延喜十七年（九一七）に生まれる。父は従四位下 橘善根である。幼いころから仏法を信じ、出家の思いを懐いていたが、両親は許さなかった。十歳で師に就いて『法華経』を受読した。二十七歳で元服し、母に従って日向国（宮崎県）に下り、天暦六年（九五二）三十六歳のとき、出家を遂げ、霧島山に籠って日夜『法華経』の読誦に明け暮れたが、のち筑前（福岡県）の背振山に移り住んだ。三十九歳にして『法華経』を暗誦し、さらに播磨（兵庫県）の書写山に移り、草庵を構えて止住することとなった。これがいつのことかは不明である。寛和二年（九八六）出家直後の花山院が結縁のためにひそかに訪れ、一七年を経た長保四年（一〇〇二）にも再び花山院の御幸があった。

以上は性空の大まかな経歴だけであって、「伝」には、その間に彼の人となりや時々の話柄が挿入され、肉づけされているのであるが、それはあとで性空に関わる詩を読む際に取りあげることとする。

比叡山との関わり

性空は比叡山とはどのように関わっているのか。「伝」には何もふれられていない。そのことを記しているのは『本朝高僧伝』である。

時に年三十六、即ち叡山に登り、慈恵僧正を師として髪を剃り戒を稟く。恵心、檀那等の諸師と教観を討習す。辞して日州に帰り、庵を霧島に結ぶ。

「伝」に「三十六にして出家を遂げ」とあるのを、具体的に比叡山に登って良源を師として、と敷衍するのであるが、『本朝高僧伝』ははるかに時代が降った元禄十五年（一七〇二）に編纂されたもので、この記述を証拠だてる古い史料はない。

性空と比叡山との関わりを示す確実な史料は、『叡岳要記』所収の、天元三年（九八〇）九月三日に行われた根本中堂供養についての記事である。この供養は良源が座主の地位にあって主宰し、円融天皇も登山し、関白太政大臣藤原頼忠以下多くの公卿が参加して、請僧百五十余人を招じて行われた盛儀であったが、右方の梵唄衆の一人として「性空上人」の名が見え、「山」という延暦寺僧であることを示す注記がある。

比叡山に性空の姿を見るのはこのときだけであるが、一方、性空は霜月会十講や六月会三十講といった延暦寺の仏事を積極的に書写山に移植している。また、最近の研究で、書写山に建立された本堂と講堂は延暦寺の東塔の根本中堂と西塔の釈迦堂を模したもので、比叡山の宗教空間を書写山内に再現しようとしたものであろうという指摘がなされている（津田徹英「書写山円教寺根本堂伝来滋賀舎那院蔵薬師如来坐像をめぐって」『仏教芸術』二五〇号、二〇〇〇年)。性空が書写山の「種々の仏事、偏えに台風(比叡山の様式)を移す」(『悉地伝』)という意志を持っていたことは確かである。

結縁を求めた人びと

寛和(かんな)元年（九八五）の秋、多くの官人僧侶が結縁を求めて書写山に性空を訪ねてきた。そうして、その一人、大江為基(ためもと)は次のような詩を詠んだ

大江為基の詩

秋日書写山を尋ねて性空上人の徳行を讃(たた)う

久しく法花(ほっけ)を誦す一上人
縄床紙服風塵を謝す
山禽林鹿多く伴為(ともた)り
碧玉蒼頭棄てて親しまず

（『性空上人伝記遺続集』）。

5　観行自ら仏日を瞻(み)るべし
慈心長く波旬(はじゅん)を伏せしむ
無量億劫(おくごう)の薫修(くんじゅ)の力
六十九年の清浄の身
餅(もち)三枚を獲(え)たり戸を開く処
10　米五勺(しゃく)に逢う経を巻く辰(とき)
我今遠く到りて結縁し畢(おわ)んぬ
安養界中倫(とも)と作(な)るを許したまえ

この詩は第八句「六十九年の清浄の身」の表現から、性空六十九歳の寛和元年の作ということになる。

この詩の措辞は「伝」の記述と照応するものが多い。第一句「久しく法花を誦す」については「伝」に「一心に誦経す六十年」、第二句の「縄床紙服」については「紙を以って衣裳と為す」、また「紙衣改めず、縄枢旧(もと)の如し」、第三句「山禽林鹿……」については「山禽野獣、心に機なきを知り、馴(な)れて自ら至る」とあり、また第九・一〇句は霧島山における生活の叙述、「日供(にちぐ)絶え尽きて、殆(ほと)んど数日に及ぶ。此の時、経巻の中に、粳米(うるしね)三十許粒を得たり。また牖の下に煖かなる餅三枚有り。取りて食して数日を経たり」に照応する。ほかの句では、第四句の「碧玉」は小間使い、「蒼頭」は召使い。性空の生活にそうしたものは無縁のものという意味である。この表現からも、また対句をなす第三句が「伝」の記述に照応している点からも、この句は何か拠るものがあるはずであるが、現存の性空伝にはそれは見いだせない。第五句の「仏日」は仏を太陽になぞらえていう。第六句の「波旬」は仏道修行の邪魔をする魔物。

同行の官人僧侶

この詩を引用する『性空上人伝記遺続集』には、編者昌詮の次のような注記が付されている。

私に言う、同時に参詣の道俗は源信、厳久、仁康〈已上僧〉、沙弥真静、保胤、為基、為象、為忠〈已上俗〉。

大江為基と一緒にこれらの僧、官人が書写山に参詣したという。これによって、結縁のために性空のもとを訪れた人びとの名が知られるのであるが、このなかには、為基と同じように、性空を讃える詩を詠んでいる者もある。源信、厳久、真静、保胤の詩がやはり『性空上人伝記遺続集』、『書写山旧記』に引かれている。ただし、丁寧に読んでみると、それらの詩はじつはこのときの作ではない。そのことはあとでそれらの詩を読むときに述べることにして、ここでは、それ以外の、このときの同行の僧俗について述べておこう。

まず先の詩を詠んだ大江為基であるが、斉光の子で、三河守、摂津守、図書権頭等を歴任し、いつかは明らかでないが出家している。『続本朝往生伝』に伝があり、それによれば、幼少のころから極楽往生を願っていたという。

なお、弟に定基がある。彼も出家して寂照と名乗り、入宋したのち、そのまま彼の地に没する。為基よりもよく知られた人物であるが、彼も性空に結縁していて、入宋に先立って歌の贈答を行っている。

仁康は都の祇陀林寺の僧の仁康であろう。彼が勧進をして河原院に丈六の釈迦仏を造立したが、正暦二年（九九二）三月十八日に五時講（華厳・大集・般若・法華・涅槃の五部の大乗経を講説する法会）が行われ、厳久が講師を勤め、聴衆として源信、保胤、定基らが参加している。

為忠は菅原輔正の子の為忠か、惟宗為忠（明経博士、主税頭）のどちらかであろう。為象は未詳である。

具平親王

これらの人びととは別にもう一人、同じ寛和元年に詩を贈って、性空に結縁しようとした詩人がいた。慶滋保胤の章に登場した具平親王である。

『本朝麗藻』（巻下）に親王の次のような長い詩題の詩がある。

近来播磨の書写山中に性空上人なる者有り。法華経を誦するを事と為し、寤寐も休まず。天台の源公、其の高行を聞き、遠く尋ねて相見ゆ。緇素の結縁する者、寔に繁くして徒有り。予、諸の聖の徳を讃うる詩を伝え見る。身を顧みて甚だ恨むらくは、障礙縁多くして、未だ頂礼するを遂げざることを。拙什を綴らしめて、聊か後縁を結ばむ。

「天台の源公」は先の詩の注記にもあった源信である。この詩題にも、僧侶俗人を問わず、性空と結縁する者の多いこと、またその徳を称賛する詩のことが記されている。具平親王は都から遠く離れた書写山の性空に直接会うことがむずかしいので、詩を贈ることで縁を結ぼうとしてこの詩を詠んだという。

寂寥たる山中坐禅の師
一乗の蓮華能く憶持す
掌底の鉄針は胎を出ずる日
〈上人胎を出ずるに手拳ること久し。母怪しみて之を開くに一鉄針有りと云々〉
経中の白米は糧絶ゆる時

〈事、本の詩序に見えたり〉

5　妙文を暗記し眠りてなお誦す

法力は冥薫(みょうくん)し貌(かお)未だ衰えず

〈上人春秋六十九にしてなお光沢有りと云々〉

虱(しらみ)の去るは都(すべ)て応(まさ)に身の浄潔なればなるべし

禽(とり)の馴るるは只(ただ)意の慈悲の為なり

同代に聞き来たること久しきを歓ぶと雖(いえど)も

10　更に終年面拝すること遅きを恨む

仮使(たとい)眼前に我を見ることなくとも

なお耳外に誰なるかを知らざるに勝れり

豈(あに)今の世に君が美を述ぶるに非ざらむや

便(すなわ)ち是れ当来の仏を讃うる詞なり

15　西方に再拝して遥かに語を寄す

慧光(えこう)早く我が愚痴を照らせ

第六句の自注に「上人春秋六十九」とあり、先の為基の詩と同じく寛和元年の詠作ということになる。

具平親王がこの詩を贈って性空と結縁しようとしたのは、性空の生き方に自分の心性と極めて近いものを感じ取ったからに違いない。親王は、詩題に見るように、性空を持経者と捉えているが、「心公に贈る。古調詩」（『本朝麗藻』巻下）においては、

生々に妙法を持し

菩提を攀援せんと欲す

〈余は生々に法花経を誦持し、衆生を教化せんとの願い有り〉

と詠んでいる。親王自身も持経者たろうという願いを懐いていたのである。

この詩も「書写山上人伝」の叙述と照応する句がある。第四句の「経中の白米」、第八句の「禽」のことは為基の詩にも見えていたが、さらに第三句は「伝」の「上人初めて生まれ、左手を拳る。開きて之(これ)を見れば握中に一針有り」に、第七句は「身素(もと)より蟣虱(きしつ)なし」に照応する。

源　信　最初にあげた為基の詩に対する注記、また具平親王の詩題の双方に名が記されていた源信は次のような「上人を讃うる詩」（『書写山旧記』）を詠んでいる。

四十年来一乗を持す
衣はなお忍辱のごとし室は慈悲
菩提行願応に清浄なるべし
世々生々我が師為り

第一句の「一乗」は『法華経』。性空が持経者としての生き方をしてきたことをいう。具平親王の詩題にも「法華経を誦するを事と為し、寤寐も休まず」とあった。

この第一句が詩の制作年時を明らかにする手がかりとなるのであるが、ゆれが生じる。「伝」に「三十六にして出家を遂げ、霧島の山に籠もりて法華を読誦し、日夜余念無し」とあり、これにもとづいて「四十年来」と考えれば、七十六歳のころ、正暦三年（九九二）ごろとなる。しかし、同じ「伝」の終りに近く「一心に誦経すること六十年」という。「伝」執筆の長保四年（一〇〇二）が「六十年」であれば、「四十年」は天元五年（九八二）ごろとなり、どちらを基準にするかで、くい違ってしまうのである。

表現の面では、第二句は『悉地伝』に列挙する「上人の徳行」の一つとして「慈悲の室には禽獣相馴れ、忍辱の衣は老少去て難し」というのに類似する。

『書写山旧記』には先の源信の詩と並んで寂心上人（慶滋保胤）の同題の詩が採録されている。

慶滋保胤

三千界の裏頭陀の迹
五十年前口誦の声
今日幸いに教化を蒙むることを容さる
西方定めて識る相迎えらるることを獲む

性空に結縁することのできた喜びを詠んでいる。第二句は性空が『法華経』を読誦してきた歳月の長さをいうものであるが、「五十年」という年数が示されている。つまり源信の詩と一〇年の差があるということになるが、これまた同じように、「伝」の記述のどちらを基準にして考えるかによって異なってくる。

保胤は詩序も執筆していて、一部ではあるが残っている。『性空上人伝記遺続集』および『無名仏教摘句抄』（九七ページ参照）に引用されているものを合わせると、次のようになる。

身は頭陀を行ない、東西定まらず。口は妙法を諳んじ、昼夜休まず。寝ても又誦し、舌なお睡眠の間にも動き、寤めても即ち読み、声句逗の次を失わず。

「句逗」は句読。性空がひたすら『法華経』の読誦に勤めていることを述べている。
このように詩序が書かれていることは複数の詩が詠まれていることを意味し、保胤には何人かの同行者があったはずである。

真　静　沙弥真静の詩も一聯だけであるが残る（『性空上人伝記遺続集』）。真静なる人物についてはまったく不明である。

四十年前妙法を諳（そら）んず
百千里外囂塵（ごうじん）を出ず

前句の措辞は先の保胤の「五十年前口誦の声」の句と類似しており、したがってこれより一〇年後の作という解釈もできるのであるが、また、「伝」に「三十九にして法花経を諳誦するを得たり」という叙述があり、真静の句はこちらの方により近い。そこでこれを基準にして考えると、長徳元年（九九五）ころに詠まれたものということになる。

厳　久　厳久（ごんく）の詩も同じように一聯のみが残る（『性空上人伝記遺続集』）。

眼を合わせ看ること稀にして瞽（めしい）に類（に）たるが如く
唇を開き語ること少（まれ）なるも誰か瘖（おし）と言わん

後句は「書写山上人伝」に「上人言語すること少（まれ）なり。高僧重客、相対して言語するに、多言の中、一二の言に答え、面を挙げず。思惟すること有るが如し」とあるのに照応する。

厳久（九四四〜一〇〇八）は延暦寺の僧で権大僧都にまでいたる。花山天皇と深い関わりを持っていて、寛和二年（九八六）、天皇が出家した際には陪従しており、また院の没後四十九日の法会では導師を勤めている。彼の書写山との関係はこの詩のほかにも見られる。円教寺は花山法皇の御願寺となり、講堂が建立され、永延元年（九八七）十月に講堂供養が行われているが、厳久はこれに参加して読師となっている。

『無名仏教摘句抄』所引の詩句

ほかにもなお性空に関する佚詩がある。それは『無名仏教摘句抄』に引かれているものである。本書は先に述べたように（九七ページ参照）、類聚されているが、その「僧」部に次の詩句が引用されている（一六一ページ、図9参照）。

(1)室は是れ慈悲　麋座を続る
　衣はなお忍辱のごとし鳥肩に飛ぶ
(2)資糧貯え得たり三明の月
　産業種え求む一乗の蓮
(3)徳行　両ら瑩く金の秘質

　心肝自ら潔（きよ）し玉も愧（は）ずる真

(4)三千界の裏頭陀（うちずだ）の跡

　五十年前口誦の声

(5)蘿衣膚に薄し淑帳の紙

　寝食味疎なり一道の泉〈已上聖空〉

(5)の句に付された「已上聖空」の注記によって、これらは聖空なる僧が詠んだ詩句か、あるいは聖空のことを詠んだ詩句ということになるが、聖空という僧はなかなか見いだせない。これが誰かを明らかにする手がかりは(4)の詩句である。これは先に見た慶滋保胤の詩の第一・二句にほかならない。これによって聖空は性空であり、ほかの四聯も同じく性空を讃歎する詩句ということになる。ただし残念ながら、それぞれの句の作者については不明である。これまで述べてきたうちの誰かの佚句であるかもしれないし、まったく別の人の作であるかもしれない。

　表現の面では、(1)の句が先に見た源信の詩の第二句「衣はなお忍辱のごとし室は慈悲」にはなはだ類似していることが注目される。

人びとが性空に結縁しようとして、あるいは結縁を果たしたのちに、その徳行を讃えて詠んだ詩を見てきた。

ほかにも漢詩が作られた可能性

その詠作年時にも注意を払ったが、大江為基と具平親王の作は性空六十九歳の寛和元年の作であることがはっきりとしているが、源信、保胤、真静の作については確定はむずかしい。しかし、それでも寛和元年以前の作である可能性があるのは源信の詩だけである。このことに注意するのは具平親王の詩の題に「諸の聖の徳を讃うる詩」を見たと記されているからである。具平親王が目にした性空の徳行を称賛する詩は一首だけではなく、ある程度の数の詩ということになるが、そうすると、それらはこの章で取りあげてきたものとは別の詩ということになる。寛和元年以前に、ほかにも讃徳の詩がすでに作られていたわけである。先の『無名仏教摘句抄』に引用されている詩は、もしかしたらそれであったかもしれない。

また、それぞれのところで注意してきたが、詩の措辞に「書写山上人伝」の記述と照応するものが少なくないことが注目される。

漢詩の意義

性空は多くの人びとの帰依信仰を得ていた。花山法皇が出家後二度にわたって結縁のために遠く書写山へ出かけたことはすでに述べたが、ほかに藤

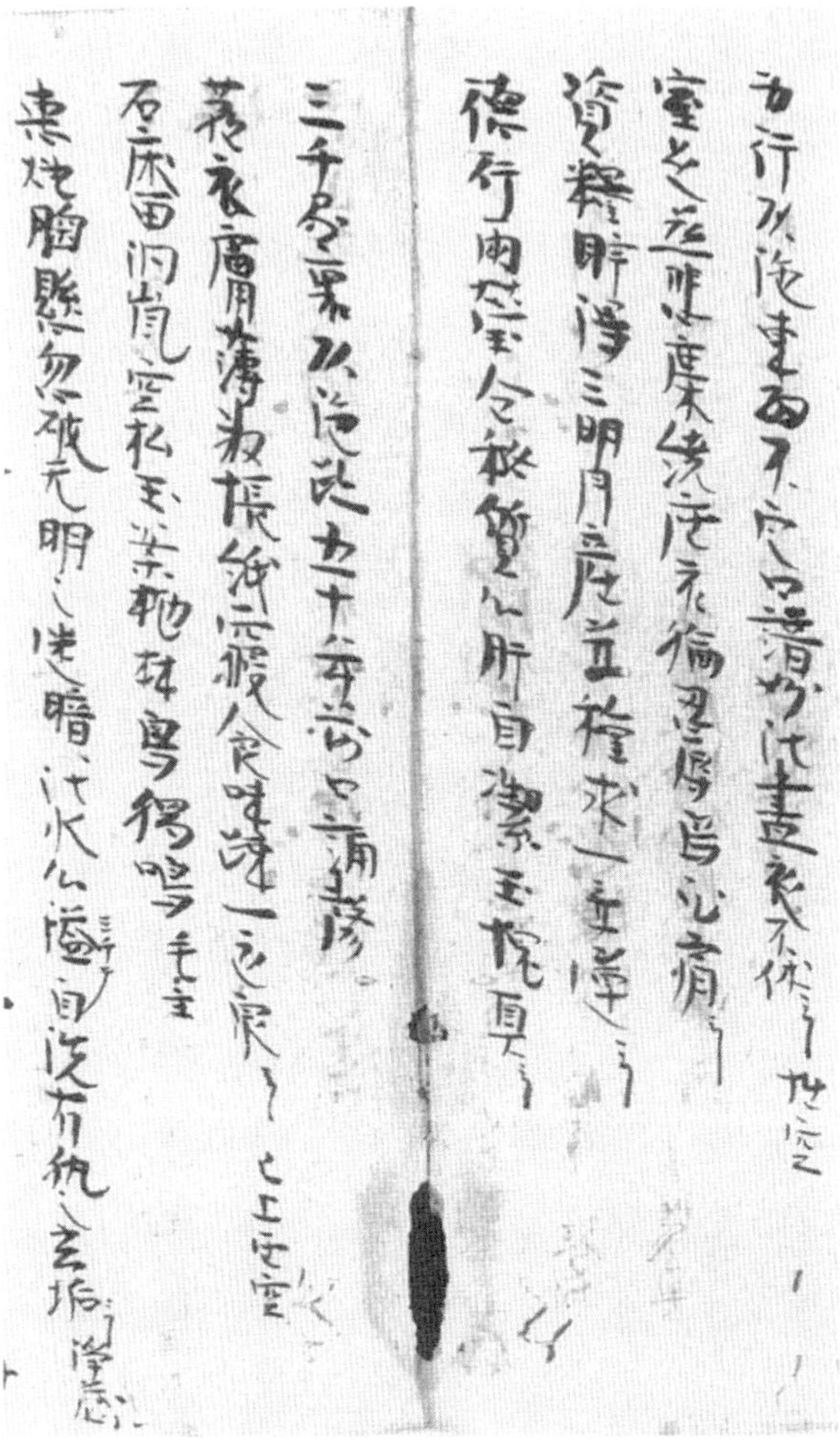

図9　『無名仏教摘句抄』（金剛寺蔵）
聖空（性空）についての讃詩5聯が引かれている．

原実資(さねすけ)や公任(きんとう)も性空の許へ赴いている。こうした風潮の下で、文学作品を通して結縁しようとする動きも現れてくるが、なかでよく知られているのは和泉式部(いずみしきぶ)の歌である。

　　性空上人のもとに詠みてつかはしける
　暗きより暗き道にぞ入りぬべきはるかに照らせ山の端(は)の月

この歌は『拾遺(しゅうい)和歌集』に入集するが、『和泉式部集』には、もう一首、

　　播磨(はりま)のひじりのもとに
　船寄せん岸のしるべも知らずしてえも漕ぎ寄らぬ播磨潟(がた)かな

という歌もある。
　これまで、性空をめぐる文学としてはもっぱら和泉式部の歌、とりわけ「暗きより」の歌が取りあげられてきたが、本章で述べてきたように、文人、僧侶によって漢詩が詠作されている。その作品の数は和歌よりも多く、内容も性空の実人生により密着したものとなっている。

勧学会

勧学会とは

勧学会は本書のテーマ〈天台仏教と平安朝文人との交渉〉そのものである。

『三宝絵』の記述

勧学会とはどのようなものか。それを説明するものとして、『三宝絵』の記述を借用しよう。

『三宝絵』は花山朝の永観二年（九八四）、先帝円融天皇の女御で、時に出家していた尊子内親王のために、源為憲が仏教に関する基礎的知識を分かりやすく書き記した仏教入門書である。その下巻に、正月から十二月まで、時間を追って、三一に及ぶ各種の法会が紹介されているが、その一つに「比叡勧学会」が取りあげられている。

村上の御代、康保の初めの年、大学の北の堂の学生の中に、心ざしを同じくし、交らひを結べる人、相語らひて云はく、「人の世にある事、隙を過ぐる駒のごとし。我等たとひ窓の中に雪をば聚むとも、しばらくは門の外に煙を遁れむ。願はくは僧と契りを結びて、寺にまうで会を行はむ。暮の春、季の秋の望の日をその日に定めて、経を講じ、仏を念ずる事をその勤めとせむ。この世、後の世に、永き友として、法の道、文の道をたがひに相すすめ習はむ」と云ひて、始め行へる事を勧学会と名づくるなり。

勧学会の基本的性格が要領よくまとめられている。それを箇条書きにすると、次のようになる。

○村上朝の康保元年（九六四）に創始された。
○大学寮文章院に学ぶ学生たちが比叡山の僧と結縁して行う法会である。
○三月と九月の十五日を期日とする。
○経典の講義と念仏を勧めとし、互いに仏法と詩文とを修学することを目的とする。

その具体的な様子が先の引用に続いて述べられている。

十四日の夕に、僧は山より降りてふもとに集まり、俗は月に乗りて寺に行く。道の間に声を同じくして、居易の作れる、「百千万劫の菩提の種、八十三年の功徳の林」といふ偈を誦して歩み行くに、やうやく寺に来ぬるほどに、僧また声を同じくして、法花経の中の「志求仏道者、無量千万億、咸以恭敬心、皆来至仏所」と云ふ偈を誦して待ち迎ふ。

　十五日の朝には法花経を講じ、夕には弥陀仏を念じて、そののちに暁に至るまで、仏をほめ、法をほめたてまつりて、その詩は寺に置く。

すなわち、十四日の夕方に、参加する僧侶、学生は会場の寺に集合し、会の当日は、朝方には『法華経』を講じ、夕には阿弥陀仏を念じ、その後、讃仏讃法の詩を詠じた。一、二補うと、結衆と呼ばれた参加者は、学生、僧侶それぞれ二〇人で、会場は、当初は延暦寺の結界のいちばん西に当たる西坂本の親林寺、月林寺（ともに現在の京都市の曼殊院近く）が当てられた。

　勧学会というのは、おおよそこのような行事であったが、そうすると、これは天台僧と文人とのきわめて直接的な交わりの場であったということになる。

康保の勧学会記

　近年、勧学会に関する貴重な資料が出現した。東京の西新井大師総持寺から発見され、『勧学会記』と名付けられたものである（小松茂美『藤原忠通筆勧学会記』講談社、一九八四年）。絹地の豪華な巻子本で八四行が残る。

本書は内容のうえから、三つに分けられる。いずれも勧学会に関するもので、詩序、詩、そして記である。

詩序は末尾の部分だけであるが、康保元年（九六四）九月十五日に賀茂保章が執筆したことが明記されている。これによって、この『勧学会記』が勧学会が創始されたその年の資料であることが明らかになり、その意味でも貴重なものとなるのである。

詩は七言律詩三首が残る。第一首は詩序からそのまま続いて賀茂保章の作である。あとの二首は韻字と作者が書かれており、学生の中臣朝光と文室如正の作である。

そのあと、本書の大部分を占めるのは記である。はじめの何分の一かを欠いていて、途中からであるが、末尾は、

　中に凡夫源為憲有り。謬りて二十の列に預り、独り緇素の交わりを慙ず。倩実事を見て筆を走らせ、之を記す。

で閉じられている。「二十の列」は二〇人の結衆、「緇素」は僧侶と俗人をいう。のちに取りあげるが、延久三年の「勧学会之記」があり、末尾が、

　範綱、……、□不才の質を以って、猥りに勧学の趣を記すのみ。

と、類似した結びになっている。これを参照すれば、こちらも「記」とみてよいだろう。

これら詩序、詩、記から成る『勧学会記』の出現によって、草創期の勧学会について、いろいろのことが知られるようになった。

まず結衆（けつじゅ）について。学生、僧侶それぞれ二〇人であるが、『勧学会記』からは以下の人びとが知られる。

草創期の結衆

学生方はこれまでに名前をあげた序者の賀茂保章、詩が残る中臣朝光、文室如正、記の作者源為憲がそうであるが、ほかに記には「藤賢」「平慎」「茂能」「文信」の名が記されている。これらはいずれも学生が大学寮で用いる中国風の別称である字（あざな）である。このうち藤賢と茂能は『善秀才宅詩合（ぜんしゅうさいたくしあわせ）』ほかの資料から実名を知ることができるが、藤賢は藤原有国、茂能は賀茂保胤で、保胤は先の保章の兄に当たる。なお、平慎と文信は実名を明らかにできない。

学生方の結衆として八人の名が知られるが、このうち保章、朝光、如正、平慎、文信の五人は、この『勧学会記』によってはじめて結衆であることが知られるようになった人びとである。また為憲については、その『三宝絵』に勧学会の記述があることから、これまでも結衆であろうと推測されていたのであるが、ここに確かな証拠を得たことになる。そうしてまた、このことは『三宝絵』の記述の信憑性（しんぴょうせい）を決定づけるものともなった。

次いで僧侶方の結衆について。「記」に「一結の諸徳」として以下の一四人の名が記されている。慶助、賢寂、能救、法禅、慶雲、勝算、聖感、暦喜、尊延、慶円、性高、明遍、穆算、清義である。ここに僧侶方の結衆一四人が明らかになったが、このことは大きな意味を持つのである。

勧学会にどのような人びとが参加していたかについては、これまでも注意が払われ、それを明らかにする努力が積み重ねられている。その結果、学生については、これまでにかなりの数の結衆が明らかになっているが、僧侶については、康保から平安末期の保安三年（一一二二）にいたる全期を通じても、長元七年（一〇三四）～十年のいずれかの年の三月の勧学会の一人と、延久三年（一〇七一）三月の四人と、わずかに五人が知られるに過ぎなかった。それが創始当時の結衆一四人が明らかになったのである。このことの意味は極めて大きい。ことは勧学会というものをどのような性格のものと捉えるかということにも関わってくる。

康保元年からおよそ二〇年後の寛和二年（九八六）、比叡山の横川の首楞厳院の住僧二五名によって「二十五三昧会」が創始された。毎月十五日、首楞厳院に催され、『法華経』の講説と念仏とで夜を徹する法会であり、勧学会と並んで、十世紀における浄土思想の拡がりを示す運動体であるが、この二つの法会は関連あるものとみるべきか否かが、平安朝仏教史研究上の問題として議論されてきた。ちょうど寛和初年のころに、勧学会に中断が見られるとして、勧学会が発展的解消を遂げて二十五三昧会が結成されたとする見方と、これを否定する立場である。

いま勧学会の結衆が明らかになったことで、二つの法会の参加者という視点から、この議論を考えてみると、両者には一人も重なる僧はいない。少なくとも構成員に関する限り、二つの法会は別位相にあるといえる。

勧学会の僧侶のことに戻ると、このなかには、天台座主となる慶円をはじめ、勝算、穆算など、のちに僧綱として高位に昇る僧も含まれている。また年齢の明らかな者もあるが、それによると、彼らは、このとき、二十歳前後の青年僧である。

勧学会の行事次第

勧学会ではどのようなことが行われるのかについては、先に見たように、『三宝絵』におおよそのことが記されているが、この「記」にはより具体的な記述がある。

前日の十四日の夜分に学生、僧侶それぞれに会場となる寺に到着。このときは現在の曼殊院（京都市東山区）の近くにあった親林寺で行われた。饗応があり、聯句（れんく）も行われた。

当日、卯の二点（午前六時ごろ）に堂に入場する。午前中は『法華経』の講説、午後は竪義が行われた。講経の講師は賢寂が、読師は明遍が勤めた。『法華経』の講説は勧学会の柱の一つとして多くの資料に記述があるが、竪義が行われることを記すものはこの「記」だけである。竪義とは提示された論題について質疑応答を繰り返す、論義の一形態であるが、ここでは、論題を書いた短冊の授与、論義の記録をそれぞれ中臣朝光と賀茂保胤が勤めている。これは仏法と作文とを相互通行的に学ぼうという勧学会の目的にもとづいた、その具体的行動といえよう。

次に阿弥陀念仏が行われる。そのことは「弥陀を諸尊の中に礼し、念仏法の奥儀を讃嘆す」と記述されている。

最後に詩の詠作が行われる。その題目は僧侶が選定し、学生がこれを受け取る。このとき選ばれた題目は『法華経』「従地涌出品」の偈の一句「静かなる処を志し楽う」であった。このように勧学会における詠詩では、題目は必ず『法華経』のなかの一句が選ばれる。また作詩に用いる韻字をクジで決める探韻の方法が採られたが、そのやり方は文章院の例に準ずるものである。詩の詠作という文事においても、「法の道、文の道をたがひに相すすめ習はむ」（『三宝絵』）という姿勢が顕著に見てとれる。

このようにして詠まれた釈教詩の一部が先に述べた三首、そうしてこれら詩群に冠せられた序文が冒頭の賀茂保章の詩序なのである。

勧学会の展開

基盤整備の運動

勧学会が創始された康保元年（九六四）から一一年が経過した天延二年（九七四）にいたって、会のための専用の仏堂を建立しようという動きが現れてきた。

『本朝文粋』所収の、勧学会所から日向守の橘倚平に宛てて出された文書がそのことを物語る資料の一つである。

　月俸を分かちて仏堂一宇を建立せられんと欲う状

……、そもそもこの会は草創より以降十一年なり。期は常期有り。三月九月の十五日なり。処は定まれる処なし。親林月林の一両寺なり。件の寺に触穢故障有らば、会の日に及びて以って他の処を営り求む。これ仏事の恥、緇素の歎く所なり。去年、前甲州司馬刑部良秀、夢の中に示す所有りて、地一処を施入す。ここに白黒の衆相議して、堂舎を結構せんとす。その志余り有れども、その力足らず。方今会の故旧、人数幾ならず。或はこれ散員、或はこれ無官なり。何ぞ況んや党結の徒は貧しくして道を楽しむ人ならくのみ。かの一城を専らにする者はこれ使君なり。しかして小堂を起つべき者はまた誰人ぞや。仍りて牒送件の如し。乞う、これを察して、分かつに俸禄の余りを以ってし、この土木の資に充てよ。……

天延二年八月十日　党結故人署を加うるなり。

勧学会は期日は三月と九月の十五日と決まっているが、定まった会場というものがない。親林寺、月林寺で行ってきたが、もし不都合が生じてこれらの寺が使用できないようなことになると、当日になって、慌ててほかの場所を捜すという事態になってしまう。こんなことはまったく恥ずかしいことで、結衆一同の歎きの種であった。

勧学会が草創以来この年まで、毎年二回、定期的に継続して行われてきたこと、また会場としては親林・月林の二寺が充てられていたことが知られる。

続けていう。こうした情況のなかで、前甲斐掾であった刑部良秀なる人物から土地の寄進があって、これを好機として、会専用の建物を建立しようという気運が高まってきた。しかし財力が不足している。現在、会のかつての同志はそれほど多くはいないし、ほとんどが閑職にあるか、無官であるかで、まして今学生の身分にある者は貧しく頼りにならない。そうしたなかで、一国の守（かみ）という立場にあり、仏堂を建設するのに頼りになるのは、あなた以外にはない。

このように述べて、過去、現在の結衆らが連署して、橘倚平に俸禄を割いて寄付することを要請している。

勧学会専用の仏堂建立のための資金援助の働きかけは、ほぼ同時に勧学会の「故人党結」、先輩および今の結衆に対しても行われている。同じく『本朝文粋』に「故人党結、同心合力して堂舎を建立せられんと欲（ねが）う状」と題された、そのための「知識文」（仏像の制作や堂塔の建立のために金品の喜捨を勧める文章）が収められている。これには予定されている建物が次のように具体的に示されている。

　堂一宇〈一間四面。礼堂有るべし〉
　廊二宇〈各（おのおの）七間。僧俗の房〉
　屋一宇〈七間。炊爨所（すいさんしょ）〉

知識文の内容は、前半はおおよそ先の橘倚平宛の文書と同じであるが、のちに述べる勧学会の中絶ということとの関連で留意しておきたい記述がある。次のようにいう。

もし一度これを延べ、これを闕かば、人心自ら怠り、我が会空しく廃せられん。定まった会の場所がないので、その時、その時に諸寺を借り受けて行っているが、その寺に穢れがあれば、それは避けなければならず、行えない。このような事情のもとで、もし会を延期したり、中止したりするようなことになれば、それがきっかけとなって勧学会そのものが廃止されるという事態ともなりかねない、という。

後半には次のようにいう。各自の能力、熱意に応じて、「一銭一粒」、「寸鉄尺木」でもいいから喜捨してほしい。仏堂を建て、永くこの会を行っていけば、大きな因縁、大きな善根となるのだ。もし同志以外にも、賛同する人がいれば、喜んで受け入れたい。

結衆に対しては、このようなアピールがなされている。

この知識文の末尾には「勧誘源高階」とある。これは、この呼びかけを行った者の署名と考えられる。勧誘という立場にあった「源高階」の名で知識文が出されたということであろう。勧誘のことはあとで取りあげる延久三年の「勧学会之記」、また『朝野群載』所収の勧学会の定文にも見え、勧学会における役職の一つであったらしい。字義からすれば、会への参加を呼びかける役であろうか。ただし、この知識文の場合は、いわゆる勧進(かんじん)のような立場が考えられる。また、「源高階」がその名であるが、これは学生としての字(あざな)を「高階(こうかい)」という源(みなもと)の某という意味である。『本朝文粋』に勧学会の詩序がある高階積善(たかしなのもりよし)をこの「高階」に当てる論を見るが、それは誤りである。

先の勧学会所から橘倚平への文書、またこの知識文はともに慶滋保胤(よししげのやすたね)が執筆している。前に述べた康保の「勧学会記」では「茂能」と称されていた賀茂（改姓して慶滋）保胤である。二首ともに保胤が書いていることから、彼はこの仏堂建設運動に積極的に関わり、中心的な役割を果たしたのではないかと考えられる。

さて、仏堂建立のための資金援助を依頼された橘倚平の返事も『本朝文粋』に収められているが、倚平は、会所の堂宇建立は自分にとっても念来の宿願であったとして、喜捨を承諾している。

以上のような専用仏堂設立の動きを通して、結衆たちの勧学会を持続発展させていこうという熱意が見て取れるのであるが、反面、有力な支援者を持たないという運動体の基盤の弱さも感じられるのである。このことが、のちに二度の中断を余儀なくされる要因の一つであったのだろう。

藤原有国の懐旧詩

勧学会専用の仏堂建設の気運の盛り上がりが見られた天延二年から八年後の天元五年（九八二）のことであるが、都の宣風坊（三条）に閑居していた藤原有国の許を、冬の一日、時に式部少輔の官に在った橘淑信が訪ねてきた。久しぶりの再会に二人は盃を傾け、詩を作り合ったのであるが、有国はその詩序（『本朝麗藻』巻下）に次のように述べている。

初冬、李部橘侍郎の過ぎらるるに感じ、旧を懐い飲を命ず

予、天元五載、石州の秩罷み、秋の初めに洛に帰る。秋より冬に暨るまで、宣風坊の宅に閑居す。橘李部、家門に過ぎる。蓋し懐旧の義なり。時や宅は荒れ主は貧なれども、交わりは芳しく志は切なり。眷恋、留連して、日将に昏に及ばんとす。ああ康保年中、文友二十有余輩、或は青雲の上に昇り、交談遠く距れり。或は黄壌の中に帰し、存没共に離れたり。其の余は多く台省の繁務を執り、また刺史の遠符を割く。居止接近するも、日は給するに暇あらず。いわゆる左少丞菅祭酒、兵部藤侍郎、太子学士藤尚書、肥州平刺史、美州源別駕、前藤総州、李部源夕郎、慶内史、高外史これなり。彼の前日州橘太守、柱下菅大夫、工部橘郎中、三著作の如きは、命朝露に先んじ、恨み夜台に深し。便ち知る、君と我の相逢う、誠にこれ平生の楽事なり。推して忘年の

友を得、たまたま閑日の談を令すとしか云う、

有国はこの年、石見守の任務を終えて、都に帰り、宣風坊の家宅に閑居していたが、そこを橘淑信が懐旧の情に駆られて訪ねてきた。そのことによって、有国の思いは康保年中の文友二十数人のことへと飛ぶ。そのときの仲間には出世して高位に昇った者もあれば、すでに亡くなってしまった者もいる。そのほかの旧友も多くは職務に忙殺され、また国守となって都を離れている者もあって、再会を果たすことはなかなかに難しい。

ここで、有国は遠く二十余年以前の康保の文友に思いを馳せるのであるが、それがほかならぬ康保であるのは、指摘されているように、勧学会が創始されたときだからであり、文友の多くはそのときの結衆であったに違いない（増田繁夫「花山朝の文人たち――勧学会結衆の終焉――」『甲南大学文学会論集』二一号、一九六三年）。

有国がここで具体的に名を挙げているのは次の人びとである。

左少丞菅祭酒――左少弁大学頭菅原資忠

兵部藤侍郎――兵部少輔藤原忠輔

太子学士藤尚書――東宮学士右少弁藤原惟成

肥州平刺史――肥後守平惟仲

美州源別駕——未詳

前藤総州——前下総守藤原季孝（すえたか）

李部源夕郎——式部丞蔵人源扶義（すけよし）（か）

慶内史——大内記慶滋保胤

高外史——少外記高丘相如（たかおかのすけゆき）

以下の四人はすでに故人となっているという。

前日州橘太守——前日向守橘倚平

柱下菅大夫——大内記菅原輔昭（すけあき）

工部橘郎中——宮内丞橘正通

三著作——少内記三統篤信（みむねのあつのぶ）

このうち、源為憲、慶滋保胤、橘倚平、そうしてこの詩序の作者藤原有国については、勧学会の結衆であったことの明証が別にある。いずれもこれまでに述べたものであるが、為憲は康保の「勧学会記」の作者であり、保胤と有国は、その「記」に茂能、藤賢という字（あざな）で登場してくる。また日向守の官に在った倚平は先輩として仏堂建立のための資金提供の呼びかけを受けていた。

勧学会草創期の学生方の結衆としては、この四人のほかに、『勧学会記』の記述から、賀茂保章、中臣朝光、文室如正、平慎、文信が知られていたが、これに有国が詩序に列挙した前記の人びとも加えることができよう。

このように、この詩序は勧学会草創期の学生方の結衆の名簿として読むことができるが、そうすると、もう一つ、この詩序から見えてくるものがある。それは、勧学会の結衆たちが懐いていた強固な仲間意識あるいは懐旧意識である。

そもそも有国に康保の文友を思い起こさせるきっかけとなった橘淑信の訪問がすでに懐旧の情に依るものであった。いわく、「橘李部の家門に過ぎる、けだし懐旧の義なり」。

これは勧学会の性格、組織がそうさせるものを含み持っていたものと考えられる。先の天延の仏堂建立運動に関する文章のなかにそのことがうかがわれるが、資金援助を橘倚平に訴える牒には、「党結」、現任の学生と並んで「故人」、先輩が署名していたし、文中にも「党結」と対比して「会の故旧」の語が出てくる。倚平は援助を承諾した返牒で自らを「旧故の人なり」と言っている。さらに同時に出された知識文は「故人・党結」への呼びかけであった。

なるべく多数の人に援助を仰がなければならないという、この運動の特殊な事情は差し引いて考えなければならないだろうが、勧学会という運動体が、会の参加者を「党結」という語で呼ぶような党脈意識の強いものであり、またそれが「党結」だけではなく、「会の故旧」をも含み込んだものであったことは確かである。

そうして、このことが、時間の経過のなかで、のちに見るような会の変質をもたらす遠因になったと考えられる。

一度目の廃絶

天延期の専用仏堂建立運動によって、定着、興隆に向かうかにみえた勧学会は、いつのころよりか、逆に衰退の途をたどり、ついには廃絶のやむなきにいたる。

そのことを語るのは、高階積善が書いた勧学会の詩序、「暮秋勧学会、法興院に於いて法花経を講ずるを聴き、同に世尊の大恩ということを賦す」序（『本朝麗藻』巻下）である。

暮春暮秋の十五日、緇衣白衣の四十人、法花を講じて文藻を翫ぶ。名づけて勧学会と曰う。近き世より以降、衆を会むる鐘を聞かず、期に赴く客も音無し。月輪の像の前、講筵は空しく曝露の冷壁に倚せ、天台の山の下、詩境は還って望雲の故郷と為る。廃絶の趣き、自然にして然り。方今、祖構に位なりし者幾ならず。僧俗わずかに五六人なり。たまたま洛陽の中に遇い、議るに旧きに復さんという計を以ってす。僉曰わく、「本堂破れ以って繕わざれば、相期するに処無く、行路遠くして煩い有れば、誰人か必ず致らむ。……」。

この詩序は法興院に再興された勧学会でのものであるが、前半に、一旦は廃絶という事態に立ち至った経緯を記している。

近年は結集を招集する鐘の声を聞くこともなくなり、会の期日に寺へ出かける者もいなくなってしまった。かつて講釈の折に用いられた敷物は、今は仏像の前、雨露にさらされた壁に空しく立てかけられているし、比叡山麓の、詩文を詠作したかの地は、はるかに思い出の故地として望み見るだけとなってしまった。

このような状況になったのは「近き世より以降」というが、それはいつのころだろうか。『本朝麗藻』には、この詩序と同じ場で作られた藤原有国の詩も収められているが、その第四聯に、

春秋十有九年の後
此の会の中興古今に契らん

とある。一九年の中断の後に再興されたというのであるが、詩のなかに一九年という具体的な年数が示されていて注目される。

この詩と詩序を基にして中絶の時期を考えなければならないが、これについてはすでに論がある（桃裕行『上代学制の研究』修訂版、思文閣出版、一九九四年）。桃氏の考証は次のとおりである。

詩序に「左相府」とあり（後述）、これは藤原道長と考えられるが、道長が左大臣となったのは長徳三年（九九七）である。また、詩の作者有国は寛弘八年（一〇一一）に没している。したがってこの間の詠作である。そうして、これより一九年前というと、天元元年（九七八）から正暦四年（九九三）の間となる。

まず、こう指摘する。道長が左大臣になったのは正しくは長徳二年であるが、一九年前の理解の仕方が異なるので、結果的には同じになる。

桃氏はさらに論を進めて、永観二年（九八四）十一月に執筆された『三宝絵』に勧学会についての記述があるが、それはその時点ではなお会は行われていたことを示すものと考えられるから、範囲は永観二年から正暦四年（九九三）までの一〇年間に縮められる。その間に、勧学会を廃絶にいたらしめる原因となるようなものを探ると、寛和二年（九八六）の慶滋保胤の出家が考えられる。保胤は最初期の勧学会の中心人物であるが、そうした人物の出家を契機として廃絶に帰したのであろう。そうすると、一九年後の再興というのは寛弘元年（一〇〇四）のこととなる。

桃氏のこの説は現行の通説といってよいだろう。はじめに述べた勧学会の延長線上に二十五三昧会を位置付ける見方も、この説にもとづいている。確かに保胤は草創以来の結衆であるし、天延期の専用仏堂建設の動きのなかでは中心的立場にあったと考えられる。それは確かにそうである。しかし、そこから、その出家が直ちに勧学会廃絶に結びつくのか。そうかもしれないが、そうだともいい難い。いまひとつ確実性に乏しいように思われる。一歩後退であるが、永観二年から正暦四年までの一〇年間のどこか、と考えておきたい。時期を特定するものではないが、廃絶の原因、少なくともその一つとして考えられるのは会の財政的基盤の脆弱さである。これは資料のなかに読み取ることができる。

先の仏堂建立に関する一連の動きのなかにその兆しはあった。そこからは、有力な支持基盤もなく、資金調達に苦慮する結衆たちの姿が浮かびあがってくるのであるが、とりわけ、先輩、同志に向けて出された知識文に、専用の仏堂を持たないことの不都合を述べ、「もし一度これを延べ、これを闕かば、人心自ら怠り、我が会空しく廃せられん」と、一度の延期あるいは中止が、結衆たちの精神的緊張を緩ませ、廃止につながりかねないという危惧を漏らしていることは、廃止の可能性に言及するものとして見逃し難い。また詩序にも、先の引用の後半に、「本堂破れ以って繕わざれば、相期するに処無く」とあり、会場の荒廃が会の継続の支障になったとの認識を示している。

このように見てくると、会として十分な財力を持っていなかったことが廃絶という事態を招いたことは確かであろう。

藤原道長の援助による復興

一旦は廃止の憂き目をみた勧学会は、藤原道長の援助のもとに再興される。そのことを高階積善の詩序は次のように書いている。

沈吟して日月漸く久しく、終に左相府の聴に入る。相府は事に触れて旧風の墜ちんとするを重んじ、道毎に先祖の伝うべきを戒しむ。此の院を許して以っ以って我が会を継がしめ、鴻恩に依りて以って雁王に事うるのみ。

勧学会再興の難しさを歎く結衆の声がついに左大臣の耳に達した。左大臣は法興院との関連から考えて藤原道長である。あらゆる面での伝統の断絶を惜しむ道長は、勧学会の場として法興院を提供して、会の存続に便宜を与えてくれた。道長のこの大きな恩恵によって、再び仏に仕えることができるようになった。

会場として提供された法興院はもとは道長の父、兼家の邸宅の二条院で、正暦元年（九九〇）の出家に伴って寺とされたものである。二条の北、京極の東（現在の京都市役所の東北）にあった。

再興されたこの勧学会の参加者として明らかなのは、先に名前をあげた高階積善と藤原有国の二人だけである。なお『江談抄』巻五―19（新日本古典文学大系本）に「世尊の大恩」を題とする一聯があって、同じ句題であることから、同時の作であろうが、作者は未詳である。有国は康保元年の結衆であった。それから何年が経過しているであろうか。先に述べた一〇年の幅のなかでいちばん短く考えても、三五年ほどの時間が流れている。身分はすでに従二位参議である。大先輩である。このとき、有国はそのような立場で勧学会に参加していた。

再度の中断と復興

藤原道長の援助を受けて再興された勧学会であったが、その後、再び廃止という事態を余儀なくされるにいたった。

そのことを語るのは、先の場合と同じく、再度復興がはかられたときの勧学会の詩序、「暮春勧学会、随願寺に於いて法華経を聴き、同に漸々と功徳を積むということを賦す」序（『本朝続文粋』巻八）である。作者は菅原定義。会場となった随願寺は西坂本にあった。最初に勧学会の意義を述べたあとに、

近来以降、故有りて修せず。講席傾きて僧暫く去り、談論の場に露滋し。詩境闃と

して□来たらず、嘯詠の地は風静かなり。結縁の徒、歎きて歳を渉る。

という。近年、勧学会が行われなくなってしまった。「故有りて」とあるが、その理由なるものは述べられていない。以下は会が開かれていた寺の荒廃空漠たる様子の描写である。

そのあとに、再度復興されたことをいう。

爰に延暦寺座主法印大和尚、寰海の静謐に属り、花水を備えて薫修す。蓋し其の頽綱を挙ぐ、廃せんと欲するを興すに非ずや。禅僧詞客の契りを合す、長元の新儀を見るといえども、山雲林月の情無き、自ら康保の故事を伝う。今、此の地に会する、以有るを知る。

それは長元のころであった。長元は後一条朝で、その十年（一〇三七）に長暦と改元される。今回、復興を主導したのは延暦寺の座主すなわち天台座主であった。長元年間の天台座主は慶命である。長元元年六月十日に座主に昇り、長暦二年九月七日に没するまで、その地位に在った。ここで慶命を僧官ではなく、法印という僧位によって呼んでいるのは、彼がそのとき僧官を持っていなかったからだと考えられるが、慶命は長元六年十二月に大僧正の官を辞退して弟子に譲っている。したがって、この詩序は長元七年から十年までのいずれかの三月の勧学会のものとなる（桃裕行、前掲『上代学制の研究』）。なお、この詩序を収める『本朝続文粋』の作者表記もその制作年時を推定する手がかりとなる。定義に「弾正少弼」の官職が冠せられているが、弾正少弼は彼の極官ではない。とすると、この詩序を書いたときの官職ということになるが、定義は『小右記』長元四年八月三日条に弾正少弼として見え、長暦を経て、長久三年（一〇四二）九月二十五日の作文でもなおその肩書である（『中右記部類紙背漢詩』巻五）。つまり作者の官職の表記も、先の推定とは矛盾しない。

かくて、二度目の中断は、長元年間の後半期、時の天台座主慶命の主導で復興されたのであるが、天台座主という比叡山の最高位の僧の力によって復興を遂げていることは、一度目の再興が左大臣藤原道長の強力な援助のもとになされていることとともに、はなはだ象徴的なことである。中絶ののちの再生がそれぞれに俗界と聖界の権威の力を借りてなされたわけであり、結衆たちの自主的な活動によって行われていた初期の勧学会とは大きく変質してきているといわざるをえない。

延久の勧学会記

勧学会では、特徴的なこととして、会の記録〈勧学会記〉が執筆された。先の康保の「勧学会記」はその現存する例としても貴重なものであったのだが、もう一つ勧学会記が残っている。康保より一〇〇年余りのちの延久三年

（一〇七一）三月の「勧学会之記」（『朝野群載』巻十三）である。この時点で勧学会はどのようになっていたのか、そのことを知りうる資料である。それほどの長文ではないので読んでみよう（原文の文字が欠けている所が少なくない。それは□で示した）。

延久三年三月十五日、雨降る。此れ会の式日なり。未の時、先達の前河内守（大江広経）、式部少輔（藤原成季）、勘解由藤次官（藤原行家）、掃部頭（大江佐国）、大学頭（惟宗孝言）、式部藤大夫、肥前介、藤内記、江秀才（大江公仲）、加賀平掾（平時範）等、及び範綱、当（?）、茂章、朝誉、藤祐、雲林院の西洞に会す。

このときの会は雲林院（現在の京都市北区紫野にあった）で行われたが、当日はあいにくの雨となった。

まず学生方の参加者が列挙されているが、これは二つに分けられる。先達、かつて学生として会のメンバーであった人びとである。これは官職名で記されている。実名を明らかにできる者は（　）のなかに示した。「及び」としてあげられた範綱以下が現在学生の身分にある者で、彼らは範綱（この記の作者）を除いては、字で記されている。以上、学生方は一五名である。

僧流は澄範大徳、運増大徳、□真大徳、□尊大徳なり。また以って来□す。おのおの

　捧物（ささげもの）を随身す。

僧侶方の結衆はわずかに四人である。参加者は各自供物を持参した。

　或は衣冠を□して□し、或は布衣を着て以って会す。狼藉（ろうぜき）に似たりといえども、雨に依りて礼を忘るるなり。俗徒漸（ようや）く門より入り、僧侶進みて庭に迎う。徘徊の間、□讃仏乗の句を誦す。

結衆が寺に参集する様子である。

　そもそも此れより前、相模守先ず座に在り。是れ国家の幣使を奉じて、早く祖廟の社頭に参り、東洛の□瓦を抛（なげう）たしめて、西洞の会所に赴くなり。

先立って一人の人物が座に着いていた。この相模守とは菅原清房（きよふさ）である。彼は奉幣使として先祖に当たる菅原道真を祭る北野社への参拝の任を終えて、ここに来ていたのである。

　しばらくして式部丞蔵人、甚（はなは）だしき雨を冒して華軒を抂（ま）げらる。暫（しばら）く蓬壺の□を辞して、□□（槐）市の友□。道の故旧を忘れざる、自ら会の面目たり。

式部丞蔵人は藤原敦基（あつもと）。彼も大雨のなかをわざわざやって来てくれた。天皇の側近に侍す蔵人であったが、しばらくその任務を離れて、大学寮時代の同窓が会するこの会に参加した。敦基そして先の菅原清房もまた勧学会の先達なのである。

院中の幽趣、仙洞に入るが如し。紅花□に満ち、青苔砌に舗く。漢月の光を隠せるを怨み、秦松の雨を帯びたるを憐れむ。

雲林院の幽趣を描写する。

座定りて後、緇素相語りて云わく、「月林の昔の儀を慕い、雲林の今の会を催す。星霜改まるといえども、儀式違うことなからん」と。

「月林」は最初期の会が行われていた月林寺。昔通りのやり方に則ってやろうと皆で話し合った。

酉の時に食座に就く。勧誘の藤祐、聊か珍膳を儲くるなり。橋下の水を勧めて、面上の紅と成る。また今度の行事は上総守なり。境に莅む間、彼が談を承くるに依りて、式部少輔儲けらるる所なり。

饗応が行われる。学生の末席にあった藤祐が勧誘を勧めている。勧誘は天延の知識文にも見えていた。「橋下の水」は酒をいう。行事は今でいう幹事のような役であろう。上総守は未詳。彼が任国へ赴任して不在なので、藤原成季が代行した。

戌の時に堂に入る。例に依って法華経を講ず。澄範を以って講師と為し、運増を以って読師と為す。論義決釈一に旧□の如し。漸く□漏に及びて、更に念仏を修す。

ここからが勧学会本来の行事である。入堂ののち、『法華経』の講釈があり、その後に念仏が行われる。

事畢りて、僧侶、題目を示して云わく、「常に清浄法を説く」なりと。「五百弟子授記品」の一偈なり。おのおの以って韻を探る。江秀才を以って序者と為す。此の間、例に依って聯句朗詠あり。中に動ける情なお苦にして、外に形るる詞漸く成る。亥の時に詩を講ず。式部藤大夫を以って講師と為し、大学頭を以って読師と為す。錦を披ける文、眼に在りて粲然たり。

続いて詩の詠作が行われる。このことはやや詳しく記されている。詩の題目を僧侶が選ぶこと、韻字を探韻によって決めること、また聯句を行うことは康保の「勧学会記」にも記されていた。ただし詩の披講のことをはっきりと記すのはこの「記」だけである。

詩を講じて後、来たる会の事を定む。掃部頭を以って行事と為し、藤大夫を以って勧誘と為す。即ち定文を以って、例に依りて堂に白す。

最後に次回の会のことを決める。その行事と勧誘の人選をして、それを定文として文章院に報告する。

範綱久しく結衆の名を伝え、今連署の列に加わる。□不才の質を以って、猥りに勧学の趣きを記すのみ。

「記」の結びである。この「記」は範綱が執筆したことを謙辞を交えつつ述べている。

開始から一〇〇年余りのち、十一世紀後半の勧学会の様子であったが、いくつかの特徴を見て取ることができる。

勧学会の変質

一つは結衆の偏りである。それもまず一つは僧と俗との間での偏りである。結衆は本来僧侶、学生それぞれ二〇人と定められていた。ところが、この会では学生一五人に対して僧はわずかに四人である。

さらに学生方の結衆にも偏りがある。それは先達と現任の学生とに分かれ、本来主体となるはずの後者よりもむしろ前者の方が多数であることである。

このように、延久三年（一〇七二）三月の勧学会は、僧に対する俗の、学生に対する先輩の優位という人的構成のもとで行われた。先に藤原有国の天元五年（九八二）の懐旧詩を読んだが、そこには草創期の結衆たちの強固な同窓意識、懐旧意識がうかがわれた。早くから存在していたそうした感覚が、この「記」に見るような、結衆における先達層の肥大化という情況を招き寄せることになったのではないだろうか。

その二は、行事内容の簡略化である。この日の会の進行の具合を見てみると、結衆らの雲林院への参集については時刻の記録がないが、午後六時からの饗応ののち、八時に入堂である。会の実質はここでようやく始まる。講経と念仏が行われ、ついで作文（さくもん）に移り、十時から講詩が行われた。つまり、十五日の夕方から始まって、その夜のうちに終了している。康保の勧学会が十四日の夜から十六日の早朝まで足掛け三日に及んでいた（『三宝絵』にもそのように記述されている）のに比べると、その省略化は著しい。講経、念仏、作文という三本の柱には変化はないものの、きわめて形式的に行われていたようである。

勧学会略年表

開催されたことが知られる勧学会を整理しておく。年時、場所、結衆、句題、伝存する詩文等を示すが、明らかでない項目が多い。年時が明らかでない場合は結衆の生没を目安とした。

○康保元年（九六四）九月十五日　親林寺。結衆は、学生として賀茂保章、中臣朝光、文室如正、藤原有国、賀茂保胤、源為憲、字（あざな）で記される平慎、文信。僧侶は慶助、賢寂、能救、法禅、慶雲、勝算、聖感、暦喜、尊延、慶円、性高、明遍、穆算、清義。句題「志二楽於静処一」。保章の詩序、保章、朝光、如正の詩が『勧学会記』に、保胤の詩が『江談抄』（巻四―93）に、源為憲の記が『勧学会記』にある。

○某年九月　禅林寺。句題「聚レ沙為二仏塔一」。賀茂保胤の詩序（『本朝文粋』巻十）によって知られる。結衆は保胤が知られるのみ。作品はほかに保胤の詩が『作文大体』にある。
○某年三月　句題「摂二念山林一」。紀斉名の詩序（『本朝文粋』巻十）によって知られる。賀茂保胤の詩が『無名仏教摘句抄』に引かれていて、この二人の参加は知られる。
○某年三月　句題「大通知勝如来」。大江匡衡の詩（『江吏部集』巻中）がある。
○某年三月　親林寺。句題「恵日破二諸闇一」。大江匡衡の詩（『江吏部集』巻中）がある。
○某年九月　法興院。句題「世尊大恩」。高階積善の詩序（『本朝麗藻』巻下・『本朝文粋』巻十）、藤原有国の詩（『本朝麗藻』巻下）が残る。『江談抄』（巻五―19）に同題の一聯があるが、作者は未詳。
○長元七年（一〇三四）～十年三月　随願寺。句題「漸々積二功徳一」。菅原定義および僧慶命の参加が知られる。『本朝続文粋』巻八に定義の詩序がある。
○某年　句題「入二於深山一」。『教家摘句』に菅原定義の詩がある。
○某年　句題「慈意妙二大雲一」。『擲金抄』巻中に源時綱の詩がある。
○某年　句題「在二於山林一」。『教家摘句』に藤原有綱、藤原有俊の詩がある。
○某年三月　尊重寺。句題「為二衆生一説レ法」。『本朝続文粋』巻八に藤原敦宗の詩序がある。

○延久三年（一〇七一）三月十五日　雲林院。結衆は学生方に大江広経、藤原成季、藤原行家、大江佐国、惟宗孝言、式部藤大夫、肥前介、藤内記、大江公仲、平時範、藤原範綱、茂章、朝誉、藤祐、僧侶は澄範、運増、□真、□尊。句題「常説二清浄法一」。序者は大江公仲、記者は藤原範綱で、その記が『朝野群載』巻三に収載される。

○承暦四年（一〇八〇）九月二十九日　六波羅蜜寺。句題「得二仏智慧一」（『水左記』）。

○寛治二年（一〇八八）三月十五日　結衆の一人に藤原俊信があった（藤原成季「勧学会経供養願文」『朝野群載』巻十三）。

○天永二年（一一一一）三月十八日　六波羅蜜寺。句題「澍二甘露法雨一」。『中右記』に記事があり、「序者伊通、講広俊、記篤呂云々」と記す。講師の広俊は中原広俊と考えられるが、伊通と記者の篤呂は問題がある。伊通を名乗る人物は藤原伊通（北家頼宗流、宗通の子）しかいない。伊通には詩作はあるが、太政大臣にまでいたった人物で学生の経歴はなく、勧学会の序者とみるには不適格である。あるいは尹通の誤りか。尹通は永久四年（一一一六）十月の勧学会の結衆として見える。また篤呂は名として不自然であり、篤昌の誤りと考えられる。『江談抄』巻五—71「源中将師時亭文会篤昌事」に、

　被レ命云、文場何等事侍哉。答云、指事不レ候。一日コソ源中将師時亭文会候シカ。

被レ答云、昨日進士篤昌所ニ来談一也。……

の記事があるが、この「文会」は源師時の日記『長秋記』天永二年六月二十日条に記された師時の八条亭で行われた詩合（しあわせ）のことと考えられる。とすれば、篤昌は天永二年のころ、文章生であった。勧学会の記者となることは十分に考えられる。篤昌は延久三年の「勧学会之記」の記者範綱の子である。

○天永三年（一一一二）三月二十八日　句題「安処ニ林野一」。藤原忠理が序者、藤原周衡が記者となった（『中右記』）。

○某年　句題「経ニ行林中一」。「外記江大夫」（大江清佐か）が序者、「江雄経」が記者となった（『朝野群載』巻十三）。『擲金抄』巻中に藤原顕業（一〇九〇～一一四八）の同題の詩があるが、同時の作か。

○永久四年（一一一六）十月二十一日　六波羅蜜寺。参加予定の結衆として知られるのは学生方のみで、菅原在良、菅原淳中、大江有元、藤原実光、藤原尹通、藤原永実、高階清泰、藤原宗友（?）、大江通清（?）、および実名未詳の式部江大夫、藤越中掾挙、前肥前掾有、江給料、藤給料、新藤給料、学頭隆、藤栄広、学琳季、藤挙宗、藤喜信。

○保安三年（一一二二）三月　六波羅蜜寺（『六波羅蜜寺縁起』）。

讃

時代を隔てての交渉

これまでの章で述べてきたことは、天台僧と文人との間における直接的な関係ということであったが、両者の交渉は、また時代を異にしてもありうる。それは詩文を通しての関わり、具体的には、後の時代の文人による、僧の伝や讃の制作ということになるが、そうしたかたちでの交渉の例として、讃を取りあげてみよう。

讃とは

讃というのは人や事物をほめ讃える言葉あるいは文で、「賛」とも書く。韻文である。中国における文学理論の古典である梁の劉勰（りゅうきょう）の著、『文心雕竜（ぶんしんちょうりゅう）』に各種の文体を説明しているが、讃というのは本来の意義は称賛することであり、言葉は四字句にまとめ、脚韻も数字を踏む程度で、簡潔な言葉で感情を尽くし、きれいに文を綴っていくものと述べている。『文選（もんぜん）』にも文体の一つとして立てられ、二首を収めているが、うち一首は「東方朔画賛（とうほうさくがさん）」である。この例のように、讃には、画像を賛えたもの、あるいはこれに付されたものなど、画と関わるものがある。『文選』序にも、「像を図（えが）きては則ち讃興（おこ）る」と述べられており、讃はこの点に特徴がある。

延暦寺東塔法華三昧堂壁画賛

文人によって作られた天台僧の讃は、じつは以前に述べたところにも登場していた。それは橘在列＝尊敬の章で取りあげた「延暦寺東塔法華三昧堂壁画賛」である。そこでは、出家して延暦寺の僧となった尊敬の、その立場にふさわしい詩文制作の一つとして述べたのであったが、本章の趣旨にそって、改めて天台僧の讃として取りあげたい。そうすると、対象となるのは一〇人の僧である。

一〇人の天台僧

伝教大師（最澄）、慈覚大師（円仁）、智証大師（円珍）、義真和尚、円澄和尚、光定和尚、安恵和尚、恵亮和尚、延最和尚、静観僧正（増命）の一〇人である。

尊敬が讃を作ったということは、その前提として、法華三昧堂に肖像が描かれていたということであるが、この一〇人はどんな僧なのだろうか。

最澄、円仁は先に一章を当てている。それ以外の僧について簡略に説明しておこう。

円仁（七九四〜八六四）は最澄の弟子。承和五年（八三八）遣唐使に従って入唐し、一〇年間滞在したのち帰国するが、在唐中の記録として『入唐求法巡礼行記』を執筆した。天台座主となる。

義真（七八一〜八三三）はもとは興福寺の僧であるが、最澄の弟子となり、延暦二十三年（八〇四）、随従して入唐した。最澄の没後は一山の中心となって戒を授けた。天台座主の勅を受けたのは後の円仁が最初であるが、一般には義真が第一代の座主とされる。

円澄（七七一？〜八三七？）。最澄の弟子。第二代の天台座主とされる。

光定（七七九〜八五八？）。最澄、義真について学ぶ。宮廷とも結びつきを持ち、嵯峨天皇の恩顧を得て、最澄を助けて叡山の独立に力を尽くした。

安恵（七九五？〜八六八）。はじめ広智に師事し、のち最澄の弟子となり、その没後は円仁の弟子となる。貞観六年（八六四）天台座主に任じられる。

恵亮（八一二？〜八六〇？）。義真、円澄、円仁について学ぶ。西塔院主となる。伝灯大法師、内供奉十禅師。

延最（生没年未詳）。円澄について学ぶ。西塔院主となる。内供奉十禅師。増命の師。

増命（八四三～九二七）。延最に師事し、また円仁、円珍について学ぶ。第十代天台座主となる。宇多法皇の受戒の師となり、灌頂を授けた。

六人の天台座主を含む、いずれも天台宗の高僧たちである。

尊敬はどのような讃を作っているのか。何首かを読んでみよう（「法華三昧堂壁画賛」の唯一の伝本である大東急記念文庫本には虫食いで文字が欠けている箇所があるが、この賛のうちの六首が『無名仏教摘句抄』に引用されていて、その欠字また誤写を補訂することができる。以下の引用は補訂したものであるが、一々の注記は省略する。詳しくは後藤昭雄「〈無名仏教摘句抄〉について」『平安朝漢文文献の研究』参照）。

最澄の讃　　伝教大師

智者滅してよりこのかた

歳二百廻なり

身は日域に生まれて

心は天台に在り

法鍵を発(ひら)かんと欲して
遥かに海盃に乗る
伝教の諡(おくりな)
長く山と偕(ひと)し

「智者」は天台宗の開祖である智顗(ちぎ)。隋の煬帝(ようだい)に菩薩戒を授けて智者大師の号を贈られた。五九七年に没しているので、最澄（七六七～八二二）の時代までおよそ二〇〇年ということになる。「日域」は日本である。「天台」は中国の天台山（浙江省）。智顗が入山して天台宗の根本道場となり、最澄もここに学んでいる。五・六句はそのために渡海したことをいう。結句の「山」は比叡山。伝教の名は比叡山が永遠に存在するのと同様に不滅であるという。

円仁の讃

慈覚大師

紫気遏(つ)きず
生まれながらにして聡黠(そうかつ)なり
山の庵(いおり)に苦(く)を行じ
天の薬渇(かわ)きを療(いや)す

清涼の雲を披き
妙徳の月を観る
慈悲仁譲
便ち是れ菩薩なり

この円仁の讃は前半は円仁伝の記述を踏まえている。第一・二句は『慈覚大師伝』の冒頭の「延暦十三年、大師誕生す。是の日、紫雲屋上を履う」云々という紫雲伝説、またこれに続く「大師、天性聡敏なり」に依る。第三・四句は比叡山での修行中のことで、同じく伝の、

四十に及ぶ比、身羸れて眼暗し。命の久しからざるを知る。是に於いて、此の山の北の澗の幽閑の処を尋ねて、草を結びて庵と為し、跡を絶ちて終わりを待つ。……、蟄居すること三年、練行いよいよ新たなり。夜夢みる、天より薬を得たり。其の形瓜に似たり。之を喫むこと半片、其の味、蜜の如し。傍らに人有りて語りて曰わく、「此れは是れ三十三天の不死の妙薬なり」と。喫み畢るに夢覚む。

という話を踏まえている。五・六句は入唐中のことで、五台山（清涼山）巡礼の途中、霊験を感得したことをいうものと思われる。『入唐求法巡礼行記』に記されているが、開成

四年（八三九）六月二十一日、円仁は従僧たちとともに美しく光る雲を、また七月二日には空中に「聖灯」を目にしている。これらは文殊菩薩の化現とみなされている。このことであろう。

増命の讃

静観僧正

上皇に師として
近く綺楹（きえい）に坐す
五智の水を灌（そそ）ぎ
三観の月明らかなり
暁の香鑪（こうろ）の気
夜の念珠の声
一生臥さず
極楽の迎えを被（こうむ）る

この讃も同じように増命の伝、「静観僧正伝」（『日本高僧伝要文抄』巻一）の記述に拠っている。前半の四句は増命が師となって宇多上皇に三部灌頂を授けたことをいう。「綺楹」は美しく彩られた柱。君側に侍坐していることをいう。伝の延喜十年条に、

> 秋九月二十五日、法皇山房に登幸し、和上をして念誦法を修せしむること三箇日、竟日の中夜に至りて、三部大法灌頂の位を受く。

とある。増命はこの功によって、朝廷から法眼和尚位を授けられるが、上皇はこれに香鑪と念珠を添えた。五・六句はこれにもとづいている。第七句に関しては、『元亨釈書』の伝に「(増)命、受戒の後、未だ曾って臥さず」とあり、第八句については「静観僧正伝」の入滅の条に、「諸弟子に語りて云わく、諸天の聖衆、我が前後左右に集まる」とある。これらを踏まえている。

讃と伝

この増命の讃はその典型であるが、これらの僧讃は多かれ少なかれ、それぞれの伝の記述にもとづいている。そのことが検証できるのは、これらの僧にその伝があるからである。最澄、円仁、円珍には単行の伝がある。また増命のように、のちの時代の文献に佚文が引用されていて、かつては単行の伝があったことが知られるもの、あるいは『元亨釈書』(一三二二年成立)に伝があるだけなど、それぞれであるが、伝がある。そのなかで一人だけ伝を持たない僧がいる。延最である。『元亨釈書』にも採録されていない。

そもそも延最については資料も乏しい。先に述べたように、生没年も未詳である。いったいなぜ法華三昧堂の壁に延最の肖像が描かれたのかという疑問も出てくるのであるが、それは措いて、延最については、この讃がむしろ彼の動静を伝える数少ない資料となってくる。読んでみよう。

延最の讃

弱冠にして情を脱す
吾が山の碧(みどり)を尋ぬ
黠(くろ)き心を直(ただ)し
廉(れん)にして潔白なり
布施持戒し
練行宋(ママ)勤す
国の宝器と為(し)て
自ら皇沢を受く

第一・二句から延最は二十歳で出家し、比叡山に登ったことが読み取れる。終わりの二句は延最は国の宝として尊敬され、天皇の恩顧を得たという。

天台大師画讃の受容

比叡山の霜月会

先に読んだ「伝教大師讃」に出てきた「智者」すなわち智顗は、中国の天台教学を体系化し、天台宗の祖として天台大師と尊称される高僧であるが、比叡山で行われた霜月会はその天台大師の忌日にちなむものである。源為憲の『三宝絵』（巻下）に「比叡霜月会」の条があり、次のようなことが述べられている。

比叡の霜月会はもろこしの天台大師の忌日なり。大師は南岳の恵（思）大師の弟子、陳隋両代の帝師なり。

霜月会は智顗の忌日十一月二十四日を中心に延暦寺で行われる法会である。その具体的な行事として、二十四日、大師供を行ふ。霊応図を堂の中にかけて供養す。供物を庭の前よりおくるに茶を煎じ、菓物をそなふ。……、時々鐃鈸を打ち、かたがた画讃を唱ふ。すべて天竺、震旦、我国の諸道の祖師たちをも供を供へて同じくたてまつる。画賛は顔魯公が天台大師をほめたてまつれる文なり。智証大師もろこしより伝へたるなり。

とある。その霜月会の席では、天台大師の画讃が読誦された。その讃は「顔魯公」の作という。顔魯公とは唐の顔真卿（七〇九〜七八五）である。そうしてその「天台大師画讃」は円珍が中国より将来したものというが、円珍の将来目録である『円珍入唐求法総目録』に確かに「天台智者大師画讃」が記載されていて、『三宝絵』の記述を証明している。

智証大師画讃

円珍によって日本へ伝えられた「天台大師画讃」は日本において高僧の画讃の手本として用いられた。その例はいくつか見いだせるが、まずは「天台大師画讃」を日本へ持ち帰った円珍その人の画讃である。円珍の画讃は先に見た『東塔法華三昧堂壁画賛』にもあったが、ほかにもある。それは単行の画讃であるが、「朝散大夫高美倫」作の「清和陽成光孝三朝国師智証大師画讃」（『唐房行履録』）である。「智証大師画讃」が「天台大師画讃」を手本としていることは、まず、その重々しく長々しい表題、および作者表記にすでに示されている。「智証大師画讃」の表題は前記の

図10　『天台高僧像』（一乗寺蔵）

天台大師智顗の像．右上に讃が書かれた色紙形が押されている．

とおりであるが、「天台大師画讃」は正式には「陳隋二代三朝国師天台智者大師画讃」である。また作者表記は「朝散大夫高美倫文」に対して「光禄大夫守太子大師顔魯公文」で、「作」に当たるところ、ともに「文」という語を用いている。

両者の類似のその二は、七言句であること、また長編であることである。「智証大師画讃」は七二句、「天台大師画讃」は九〇句である。讃とはどういうものであるのかは本章のはじめに述べたが、『文心雕竜』にも、四字句で、簡潔な言葉でとあった。先の「法華三昧堂壁画賛」の諸作はそうであった。こうした讃の本来のスタイルから大きくはみ出している点で、二つの讃は共通している。これはやはり一方が他方に倣った結果に違いない。

このように「智証大師画讃」と「天台大師画讃」は表面的、形式的な点ですでに類似を示している。内容を対比してみよう。前に述べたように何しろ二首ともに長編である。部分的な例示にとどまらざるを得ないが、冒頭から両者はよく似ている。

「智証大師俗姓は殷、其の名は円珍早く群に抜きんでたり」に対して、「天台大師俗姓は陳、其の名は智顗花容の人」であり、前者が後者の措辞に倣っていることは明白である。さらに母が孕った時の霊異をいう「師初めて孕育せられて霊異聞こゆ、流星口より入りて光氤氳たり」（「智証大師讃」）は「師初めて孕育せられて霊異頻りなり、綵烟空に浮かびて光隣りを照らす」（「天台大師讃」）に拠っている。また円珍が年分試を奉じたときのことをいう「遂に法雄と為りて魔軍を降す」は智顗の天台山における活躍を述べた「魔を降し敵を制して法雄と為る」を用いる。さらに円珍の死の場面の「愁雲処々風惨烈たり、鳥獣悲唫し水鳴咽す」は智顗のそれの「天雲泱漭として風惨烈たり、草木低く垂れて水鳴咽す」にもとづく。また置かれた文脈は異なるが、「秘旨を垂る」「千変万化」といった措辞が両者に見える。

以上述べたところから、「天台大師画讃」を日本に伝えた円珍の画讃、「智証大師画讃」が、ほかならぬその「天台大師画讃」を手本として作られていることは明らかである。

智証大師画讃の作者

「智証大師画讃」は「朝散大夫高美倫」の作という。一見中国の文人かとも思われる「高美倫」とはいったい誰だろうか。素性を尋ねてみよう。

「朝散大夫」は従五位下の唐名（中国風の呼称）である。そうすると名前も唐名であろう。平安朝の文人には唐名（『二中歴』では「翻名」という。ほかに「反名」とも）を持っている者がある。たとえば紀長谷雄は「紀発昭」、大江匡房は「江満昌」と称している。『江談抄』（巻二―8）に類例が集められているが、それらを見ると、第一字は氏名の一字を取り、下の二字はハセオ―ハッショウのように名が音通によって称されているようである。そうであれば、「高美倫」については、「高」からは高階、高丘などが考えられ、名はミリンに近い名ということになる。

ここで視点を変えてみると、「智証大師画讃」の金沢文庫本の奥書には、「或る人の物語に云わく、智証大師画讃は故入道少納言通憲の作なりと」と記されている。ある人の説によると、「智証大師画讃」は入道少納言通憲の作であるという。じつはこれは重要な指摘なのである。この通憲は信西入道として知られる藤原通憲である。彼は藤原実兼の子であるが、実兼が若くして亡くなったので、高階経俊の養子となった。すなわち高階通憲である。これを先の唐名のルールに従って考えると、高美倫となるのではないか。高階の一字を取って「高」である。「美倫」はミチノリのミリに好字を当てたものであろう（江戸時代の『類聚名物考』では「民輪」とする）。このように考えてくると、高美倫は先の奥書のある人のいうとおりに、高階通憲であると考えて間違いないだろう。なお、このことが明らかになって改めて注目されるのであるが、通憲は円珍の「和讃」（『寺門伝記補録』巻十三）も作っている。

通憲はのち藤原氏に戻るが、このことと従五位下という位階から、画讃は大治二年（一一二七）から康治元年（一一四二）までの間の作ということになる。

高階（藤原）通憲によって「智証大師画讃」が作られたのは十二世紀前半のことであるから、円珍が「天台大師画讃」を将来した天安二年（八五八）からすると、三〇〇年近い時間が経過していることになるが、「天台大師画讃」を手本としての高僧の讃の制作は、これ以前にもすでになされていた。

尊敬の最澄讃

一つは尊敬（そんきょう）による最澄の讃である。尊敬は前節の「比叡山法華三昧堂壁画賛」の作者の尊敬である。彼はその「壁画賛」の一つとしても最澄の讃を作っていたが、これとは別に、「柏原（かしわら）奈良（なら）嵯峨（さが）三朝国師叡山大師廟賛」（『天台霞標（てんだいかひょう）』二編巻之一）を作っている。「柏原・奈良」は桓武・平城天皇をいうが、これに嵯峨を加えて三朝とし、それら三代の「国師」である「――大師」という呼称は「天台大師画讃」の「陳隋二代三朝国師天台智者大師」に学んだものである。また四言でなく七言であること、七〇句という長編であることも同じく「天台大師画讃」に倣う。さらに表現においても、「叡山大師姓は三津（みつ）、其の名最澄滋賀の人」と始まること、第三聯に「父子を求めて祈るに霊異頻りなり、香気を尋ね得て母始めて娠る（みごもる）」と母の懐胎時の不思議をいうことも同じで、ここに傍点を付した措辞は前に引用した「天台大師画讃」の表現を用いる。最澄の死をいう箇所に「風惨にして水咽び竜既に翔ぶ（と）」とあるが、これも「天台大師画讃」の「天雲泱漭として風惨烈たり、草木低く垂れて水嗚咽す」にもとづいて縮約したものである。

もう一首ある。大江以言が作った円仁の讃である。以言（九五五〜一〇一〇）は多くのすぐれた文人を輩出した一条朝における、その代表的な一人であるが、その以言に「天台慈覚大師徳行賛」の作がある。作者名は「中散大夫行翰林学士江以言撰」と唐名で書かれている。「中散大夫」は正五位上を、「翰林学士」は文章博士をいうが、この官位から、讃は以言がその身分にあった寛弘六（一〇〇九）・七年ごろに作られたこととなる。この唐風の作者表記、また讃が七言で、六〇句に及ぶ長編であることは、これまでに見た円珍、最澄の讃と同じく、「天台大師画讃」の形式に倣ったものである。表現についても同様である。冒頭の三聯であるが、

大江以言の円仁讃

慈覚大師諱は円仁
俗姓は壬生下野の人
承和の天子徳行を崇び
諡を慈覚と賜わり永く奉遵す
誕生の日屋舎の上
紫雲遍く覆いて嘉気新たなり

と始まる。「天台大師画讃」の冒頭の三聯は次のとおりである。

天台大師俗姓は陳
其の名は智顗花容の人
隋の煬皇帝明因を崇び
号けて智者と為し誠に敬申す
師初めて孕育せられて霊異頻りなり
綵烟空に浮かびて光隣りを照らす

両者を見比べてみると、まったく同じ叙述となっている。第一聯はその呼び名、俗姓、出身地をいう。「花容」は荊州華容県（湖北省）。第二聯は時の天子から尊敬され、尊号を奉られたことをいう。第三聯は辞句のうえでの一致はないが、ともに誕生にまつわる奇瑞の出現をいう。

先に見た尊敬の最澄讃とともに、この大江以言の筆に成る円仁讃も、形式、表現双方の面で、顔真卿作の「天台大師画讃」を手本としていることは明らかである。時間の順序でいうと、尊敬の最澄讃、大江以言の円仁讃、そうして最初に取りあげた高階通憲の円珍讃ということになるが、いずれもが平安朝仏教史における大きな存在であるこれら三人の天台僧の讃は、みな「天台大師画讃」に倣って作られている。平安時代には「天台大師画讃」が高僧の讃を作るうえでの規範の一つとなっていたといってよいだろう。

あとがき

本書を執筆するきっかけは、編集部から、平安朝の文人と最澄・円仁・円珍ら比叡山の高僧たちとの漢詩文の交流の歴史について書いてほしいという依頼を受けたことである。これは、以前に吉川弘文館から出してもらった『平安朝文人志』（一九九三年）に収めた「円珍をめぐる文人たち」が編集部の目にとまったからであろうと推測するが、じつは、私はさらにこれより前に、叡山文庫調査会の論集、新井栄蔵他編『叡山の文化』（世界思想社、一九八九年）に、「叡山と平安朝文人との交渉」と題した小論を書いていた。だから、右のような本書執筆の依頼は、その小論の有効性を追認してもらったように思えた。

この「叡山と平安朝文人との交渉」では、最澄、円珍、橘在列、慶滋保胤、勧学会は取りあげている。したがって、本書の基本的な枠組みは、これを承けるものである。

文人たちと漢詩文をとおして交渉を持ったのは高僧ばかりではない。挫折を経験して出家した文人、聖(ひじり)的性格を持った者など、漢詩文の世界と接点を持った僧たちの多様であることを明らかにすることに留意した。文人と僧の交渉の場として勧学会を取りあげたのも、そうした意図による。

本書はもう一つのことをも目的とした。それは一般の読者に漢詩文の世界の存在を知ってもらうことである。簡略ながら「プロローグ」でも述べたように、わが国の文学史は、古代から近代にいたるまで、途絶えることなく、漢字で書かれた文学を有している。そのことは、研究者の間では認知されるにいたったかと思われるが、一般の人びとにとっては、日本人の作った漢詩文など、ほとんど馴染みのないものに違いない。そこで本書の執筆を好機と考えて、平安時代の、かつ仏教と関わりを持ったものという、きわめて限定された範囲ではあるが、日本文学としての漢詩文というものを広く一般読者に知ってもらうために、作品をなるべく多く読むことを意図した。原文の引用がやや多いと感じられるかもしれないが、それはこのような考えからである。最後に、それ以前とはまったく異質の、一つの文体(讃)を取りあげ、それをとおして本書のテーマを考えようとしたのも同じ理由による。

参考文献について付記しておきたい。本書はシリーズとしての性格上、注を付けることができない。そこで、これを本文中に（　　）に入れて示したが、参考文献としてあげたものもある。ご了解いただきたい。

二〇〇一年九月

後藤昭雄

参考文献（本文中に取り上げたものは除く）

最　澄

小島憲之「釈最澄をめぐる文学交流――嵯峨弘仁期文学の一側面――」（『伝教大師研究』宗祖大師千百五十年遠忌事務局、一九七三年）

円　珍

佐伯有清『円珍』人物叢書（吉川弘文館、一九九〇年）

後藤昭雄「日唐間における経典の往還――『千手儀軌』の流伝――」（『アジア遊学』4、一九九九年）

良　源

平林盛得『良源』人物叢書（吉川弘文館、一九八七年）

橘在列＝尊敬　出家した文人(一)

大曾根章介・金原理・後藤昭雄『本朝文粋』新日本古典文学大系（岩波書店、一九九二年）

「沙門敬公集序」の注釈を収める。

大曾根章介「源英明と橘在列――『扶桑集』の唱和詩を中心に――」（『大曾根章介　日本漢文学論集』第二巻、汲古書院、一九九八年）

亀田孜「橘在列賛の延暦寺東塔法華三昧堂の大師影像壁画」（『日本仏教美術史叙説』学芸書林、一九

七〇年）
後藤昭雄「『三国祖師影』の讃について」（『国文学論集』大谷大学文芸学会、一九九三年）
後藤昭雄「〈無名仏教摘句抄〉について」（『平安朝漢文文献の研究』吉川弘文館、一九九三年）

慶滋保胤＝寂心　出家した文人(二)

井上光貞・大曾根章介『往生伝　法華験記』日本思想大系（岩波書店、一九七四年）
『続本朝往生伝』の注釈を収める。
大曾根章介・金原理・後藤昭雄『本朝文粋』新日本古典文学大系（前掲）
「池亭記」の注釈を収める。
佐藤哲英「慶保胤の十六想観画讃に就て」（『仏教学研究』四号、一九五〇年）
佐藤哲英『叡山浄土教の研究』（百華苑、一九七九年）
今井源衛『花山院の生涯』（桜楓社、一九六八年）
増田繁夫「慶滋保胤伝攷」（『国語国文』三三巻六号、一九六四年）
平林盛得「中書大王と慶滋保胤――日本往生極楽記の補訂者――」（『慶滋保胤と浄土思想』吉川弘文館、二〇〇一年。初出は一九八一年）

性　空

兵庫県立歴史博物館『書写山円教寺』（一九八八年）
林雅彦『穢土を厭ひて浄土へ参らむ――仏教文学論――』（名著出版、一九九五年）第二章「性空上人」

後藤昭雄「〈無名仏教摘句抄〉について」（前掲『平安朝漢文文献の研究』）

勧学会

後藤昭雄「『勧学会記』について」（前掲『平安朝漢文文献の研究』）
東舘紹見「勧学会の性格に関する一考察」（『真宗研究』三八輯、一九九四年）
後藤昭雄「延久三年『勧学会之記』をめぐって――文事としての勧学会――」（『文芸論叢』五六号、二〇〇一年）

讃

佐伯有清『円仁』人物叢書（吉川弘文館、一九八九年）
後藤昭雄「『智証大師画讃』の作者高美倫」（『日本歴史』五五八号、一九九四年）

著者紹介
一九四三年、熊本市に生まれる
一九七〇年　九州大学大学院修了
現在、大阪大学教授
主要著書
平安朝漢文学論考　平安朝漢文文献の研究
平安朝文人志　日本詩紀拾遺〈編〉

歴史文化ライブラリー
133

天台仏教と平安朝文人

二〇〇二年（平成十四）一月一日　第一刷発行

著　者　後藤昭雄（ごとうあきお）

発行者　林　英男

発行所　株式会社　吉川弘文館
東京都文京区本郷七丁目二番八号
郵便番号一一三―〇〇三三
電話〇三―三八一三―九一五一〈代表〉
振替口座〇〇一〇〇―五―二四四

印刷＝平文社　製本＝ナショナル製本
装幀＝山崎　登

歴史文化ライブラリー

1996.10

刊行のことば

現今の日本および国際社会は、さまざまな面で大変動の時代を迎えておりますが、近づきつつある二十一世紀は人類史の到達点として、物質的な繁栄のみならず文化や自然・社会環境を謳歌できる平和な社会でなければなりません。しかしながら高度成長・技術革新にともなう急激な変貌は「自己本位な刹那主義」の風潮を生みだし、先人が築いてきた歴史や文化に学ぶ余裕もなく、いまだ明るい人類の将来が展望できていないようにも見えます。このような状況を踏まえ、よりよい二十一世紀社会を築くために、人類誕生から現在に至る「人類の遺産・教訓」としてのあらゆる分野の歴史と文化を「歴史文化ライブラリー」として刊行することといたしました。

小社は、安政四年(一八五七)の創業以来、一貫して歴史学を中心とした専門出版社として書籍を刊行しつづけてまいりました。その経験を生かし、学問成果にもとづいた本叢書を刊行し社会的要請に応えて行きたいと考えております。

現代は、マスメディアが発達した高度情報化社会といわれますが、私どもはあくまでも活字を主体とした出版こそ、ものの本質を考える基礎と信じ、本叢書をとおして社会に訴えてまいりたいと思います。これから生まれでる一冊一冊が、それぞれの読者を知的冒険の旅へと誘い、希望に満ちた人類の未来を構築する糧となれば幸いです。

吉川弘文館

〈オンデマンド版〉
天台仏教と平安朝文人

歴史文化ライブラリー
133

2018年（平成30）10月1日　発行

著　者　後藤昭雄（ごとうあきお）

発行者　吉川道郎

発行所　株式会社　吉川弘文館
〒113-0033　東京都文京区本郷7丁目2番8号
TEL　03-3813-9151〈代表〉
URL　http://www.yoshikawa-k.co.jp/

印刷・製本　大日本印刷株式会社

装　幀　清水良洋・宮崎萌美

後藤昭雄（1943～）

ISBN978-4-642-75533-7